FISCHER

Paula aus Berlin ist die Upcycling-Expertin auf TikTok und ein großes Vorbild für nachhaltige Mode. Unter ihrem Pseudonym Unlabeled zeigt sie ihrer Community, wie man aus alten Klamotten neue Trendteile kreieren kann. Paulas unterhaltsame Art sowie ihre Leidenschaft fürs Nähen und Zeichnen kommen gut an: Mit kuh-len Looks und kreativen Ideen begeistert sie mittlerweile über 1,5 Millionen Fans.

In ihrem Kreativbuch »(art)iculate yourself« zeigt Paula, wie bunt und vielfältig Mode sein kann. Der ideale Begleiter für alle jungen Fashion-Designer*innen und ihre Design- und Nähprojekte!

Weitere Informationen zum Kinder- und Jugendbuchprogramm der S. Fischer Verlage finden Sie unter www.fischerverlage.de

(art)iculate yourself

Maßgeschneidert auf dein Leben: Inspiration für kreative Outfits, Upcycling-Ideen und Näh-Tutorials.

VON TIKTOK-
MODEDESIGNERIN
UNLABELED

FISCHER

Aus Verantwortung für die Umwelt hat sich der Fischer Kinder- und Jugendbuch Verlag zu einer nachhaltigen Buchproduktion verpflichtet. Der bewusste Umgang mit unseren Ressourcen, der Schutz unseres Klimas und der Natur gehören zu unseren obersten Unternehmenszielen.

Gemeinsam mit unseren Partnern und Lieferanten setzen wir uns für eine klimaneutrale Buchproduktion ein, die den Erwerb von Klimazertifikaten zur Kompensation des CO_2-Ausstoßes einschließt.

Weitere Informationen finden Sie unter: www.klimaneutralerverlag.de

MIX
Papier aus verantwortungsvollen Quellen
FSC® C084279

Originalausgabe

2. Auflage 2023

Erschienen bei FISCHER New Media

Satz und Layout: Dahlhaus & Blommel Media Design, Vreden
unter Verwendung von Shutterstock-Motiven und Illustrationen der Autorin

Umschlaggestaltung: Marietheres Schoppmann – www.marietheres-viehler.de

Druck und Bindung: Print Consult GmbH, München
Printed in Slovakia
ISBN 978-3-7335-5034-9

Dieses Buch widme ich
meiner besten Freundin
Paula. <3

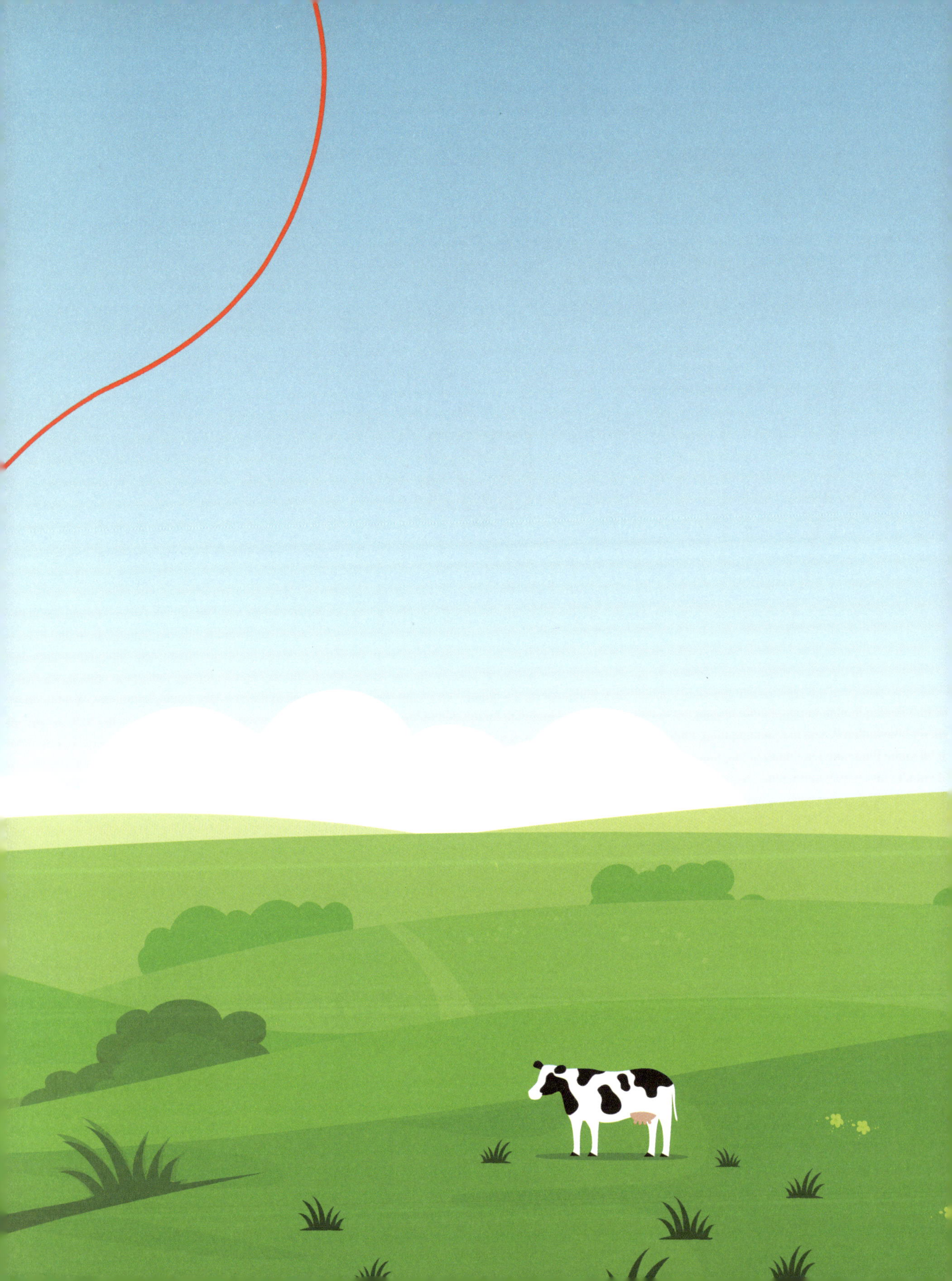

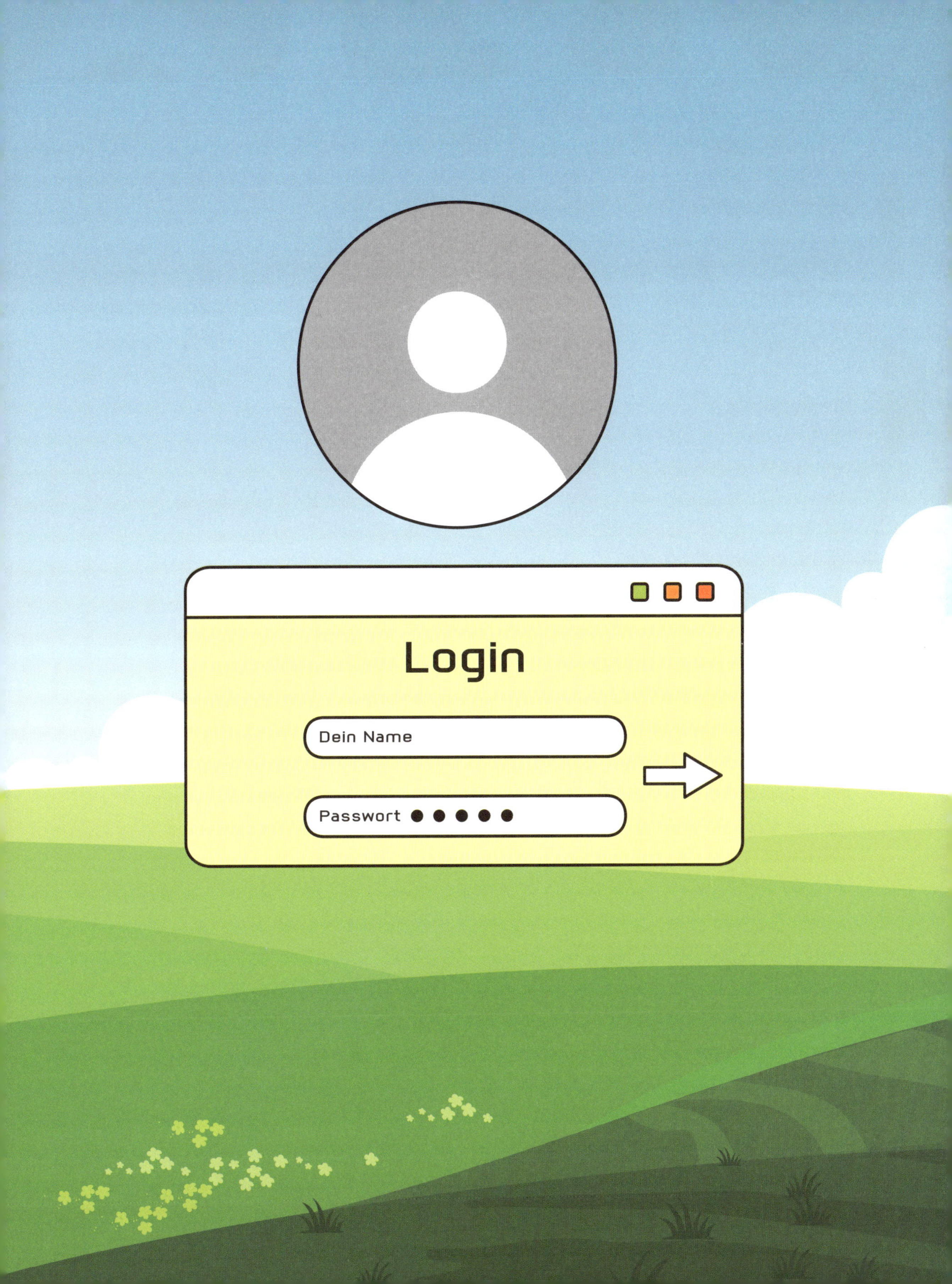
Login
Dein Name
Passwort ●●●●●

Inhalt

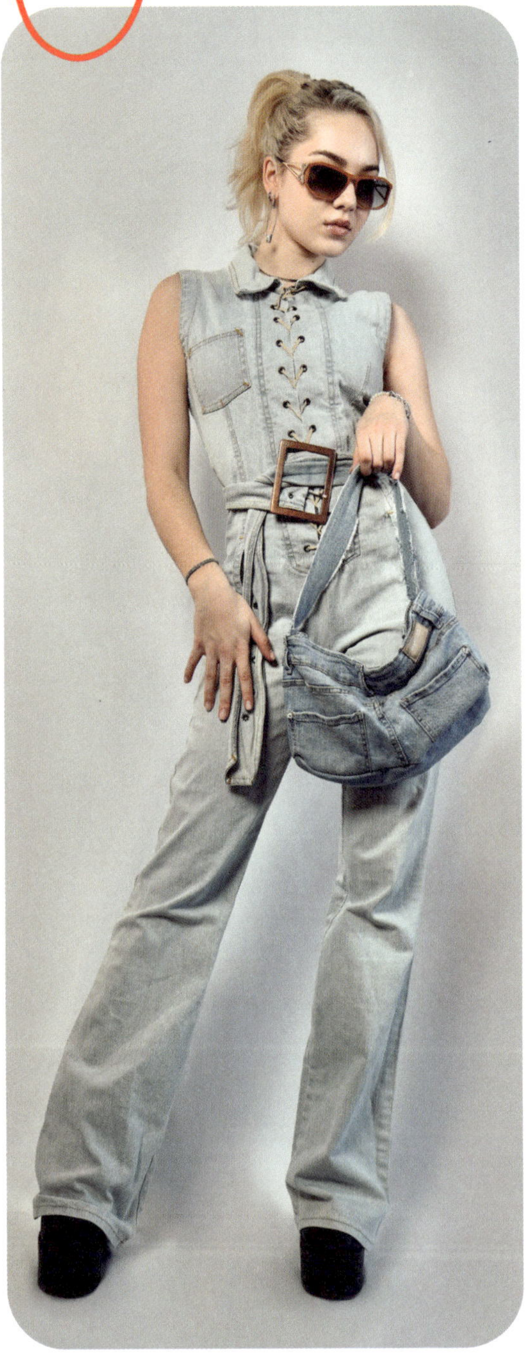

Vorwort

Hi, mein Name ist Paula. Vielleicht kennst du mich ja von TikTok oder Instagram, wo ich mich – ich weiß, unfassbar innovativ – »Unlabeled« genannt habe. Falls nicht: Ich bin ein 19-jähriges Mädchen, das durch kurze Videos auf Social Media versucht, Menschen das Nähen und Upcycling von Klamotten näherzubringen.

Einer der häufigsten Kommentare unter meinen Videos ist »Ich wünschte, ich hätte ihr Talent« oder »Sie hat einfach Begabung«. Solche Aussagen machen mich irgendwie traurig und zugleich wütend. Natürlich meinen die Leute so was nie böse, und meistens soll es ein Kompliment sein, in meinen Augen ist es leider das genaue Gegenteil. Ich habe vor ca. drei Jahren mit dem Nähen begonnen und seitdem meine Freizeit nichts anderem mehr gewidmet. Als meine Freunde freitags zum Feiern in den Club gegangen sind, saß ich in meinem Zimmer vor der Nähmaschine. In den Ferien, in denen andere in den Urlaub gefahren sind oder etwas mit Freund*innen unternommen haben, saß ich jeden Tag vor neuen Schnittmustern. Was ich damit sagen will: Ich bin nicht mit der Fähigkeit des Nähens geboren. Egal, welches Hobby du ausübst, ob Tanzen, Singen, Fußballspielen, Malen, Klavierspielen – du wirst es nie auf Anhieb perfekt beherrschen. Es ist schlicht und ergreifend Übungssache. Ja, manche Leute besitzen eine gewisse Begabung. Wenn du jedoch Zeit und Arbeit in die Tätigkeit steckst, kannst du trotzdem besser als jede »begabte« Person werden.

Glaub mir, wenn ich dir sage, dass ich mir meine Ziele damals viel zu hoch gesetzt und deswegen pro Nähaktion mindestens zehn Mental Breakdowns hatte. Das ist normal. Das ist okay. Mir ging es und geht es oft immer noch so. Mittlerweile gibt es aber schon so einiges, was ich auf meiner Reise bis hierher gelernt habe. Fehler, die ich jetzt vermeiden kann. Ich habe mir das Nähen (mit Ausnahme von ein paar Youtube-Tutorials) komplett selbst beigebracht. Manchmal hätte ich aber gerne jemanden an meiner Seite gehabt, der oder die mir geholfen hätte, wenn ich die Naht zum fünften Mal falsch gesetzt habe. Deswegen schreibe ich jetzt dieses Buch. Für jede*n, der oder die schon immer mal Bock auf Nähen, Designen, Malen/Zeichnen und kreative Entfaltung hatte, aber nicht wusste, wie und wo man anfangen soll.

Kreativität ist ein Thema, das durch Social Media meiner Meinung nach leider super unterdrückt wird. Die vielen Eindrücke, die große Auswahl an Outfits, Accessoires und Kunst im Feed und in den Storys inspirieren uns zwar, aber liefern auch keinen Grund mehr, selbst nachzudenken, kreative Ideen zu entwickeln und diese umzusetzen. Auch dafür kreiere ich dieses Buch. Ich möchte, dass Leute, vor allem junge Leute, wieder damit anfangen, ihre kreativen Gehirnzellen anzustrengen, und diese Welt zu einem bunteren, individuelleren Ort machen, in dem jede und jeder so sein kann, wie er will, nichts als hässlich oder untalentiert abgestempelt wird, denn das gibt es nicht. Kunst liegt im Auge des Betrachters. Superschnulziger Spruch, den du bestimmt schon 1000-mal gehört hast, aber leider steckt dahinter sehr viel Wahrheit. Alles, was du diesem Buch geben wirst, ist Kunst, weil DU es geschaffen hast.

Damit konnte ich dich jetzt hoffentlich ein bisschen dazu motivieren, deine, vielleicht noch versteckte, kreative Ader anzuregen und gemeinsam mit mir Kunst zu erschaffen. Ich verspreche dir, es wird wild. ;)

deine Paula ♡

Paulas Näh-Essentials

Bevor du deine Näh-Journey überhaupt starten kannst, benötigst du das richtige Equipment! Geh dafür am besten in einen lokalen Stoffladen. Auf deiner Liste sollten folgende Dinge stehen:

1. Stoffschere:

Du brauchst definitiv die richtige Schere zum Zuschneiden der Stoffe, um deine Projekte ohne unnötige Mental Breakdowns (die du mit einer herkömmlichen Papierschere definitiv haben wirst) zu bewältigen.

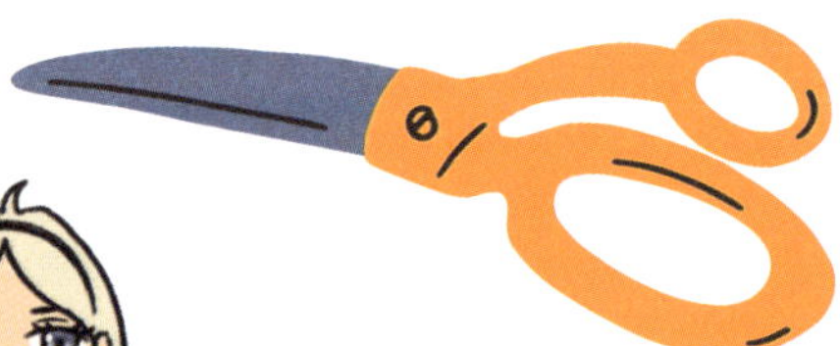

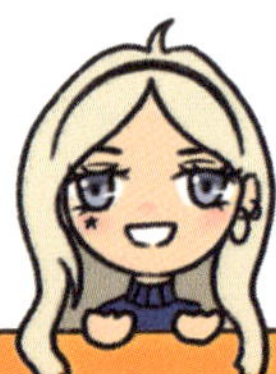

Benutze die Schere wirklich nur für Stoff, sonst wird sie schnell stumpf!

2. Silikonmatte:

Ich persönlich arbeite sehr viel auf dem Boden hockend, weil mir mein Schreibtisch irgendwann immer zu klein wird. Mir ist es dann schon so oft passiert, dass aus Versehen Kleber auf den Teppich gekommen ist, ich Nadeln übersehen habe (meine Mutter ist schon reingetreten) und am Ende eines Nähprojekts alle Stoffreste und Fäden auf dem Boden liegen geblieben sind. Außerdem kann man auf einer Silikonmatte superpräzise arbeiten. ;)

3. Stecknadeln:

Ein unverzichtbares Essential, wenn du sauber nähen willst! Ohne die Dinger geht bei mir nichts: Wenn du beispielsweise zwei Stofflagen passgenau aufeinandernähen willst, und sie nicht verrutschen sollen: einfach aneinanderpinnen!

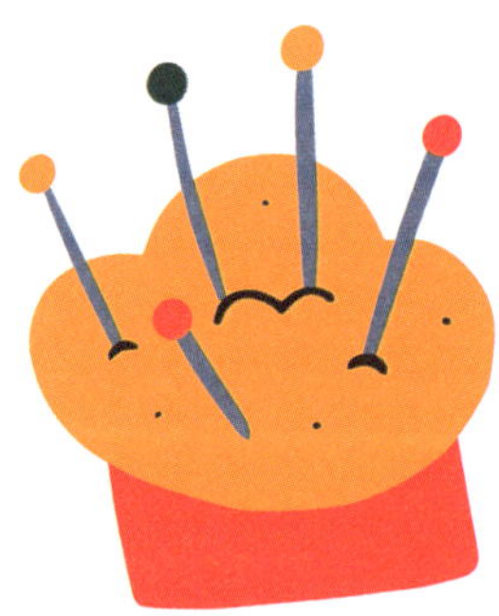

Frag nach Stecknadeln mit Glasköpfen, die schmelzen dann auch nicht, wenn du mal drüberbügeln willst.

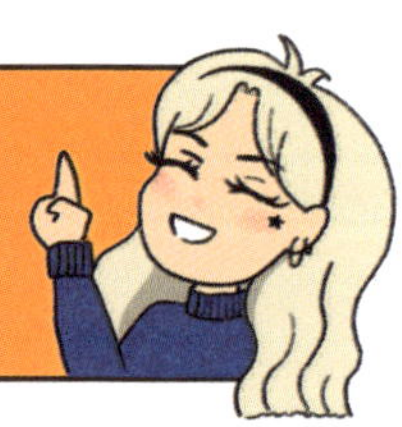

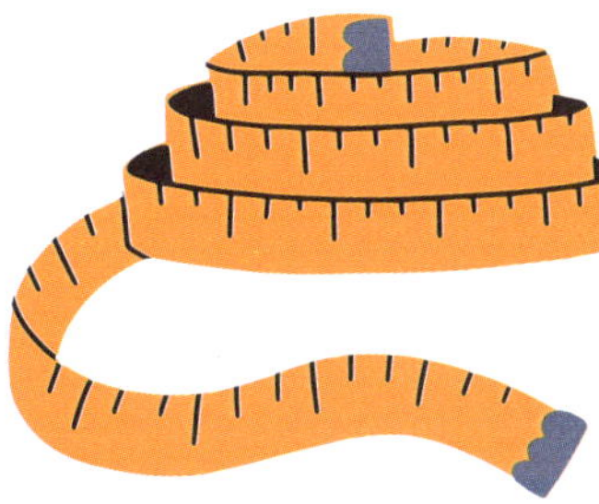

4. Maßband:

Wenn du nicht an einem Nähprojekt verzweifeln willst, weil du merkst, dass das Teil hinten und vorne nicht passt, empfehle ich dringend ein Maßband. Maße nehmen, and you are good. ;)

5. Nähmaschine:

Ja, ohne die geht leider sehr wenig. Wer schon mal versucht hat, mit der Hand zu nähen, weiß, wie anstrengend und zeitaufwendig das sein kann. Größter Minuspunkt dabei: Das Endresultat wird nie perfekt und trennt sich im schlimmsten Fall wieder auf. Deswegen lieber in eine Haushaltsnähmaschine investieren (falls deine Mutter oder Oma nicht eh schon eine hat).

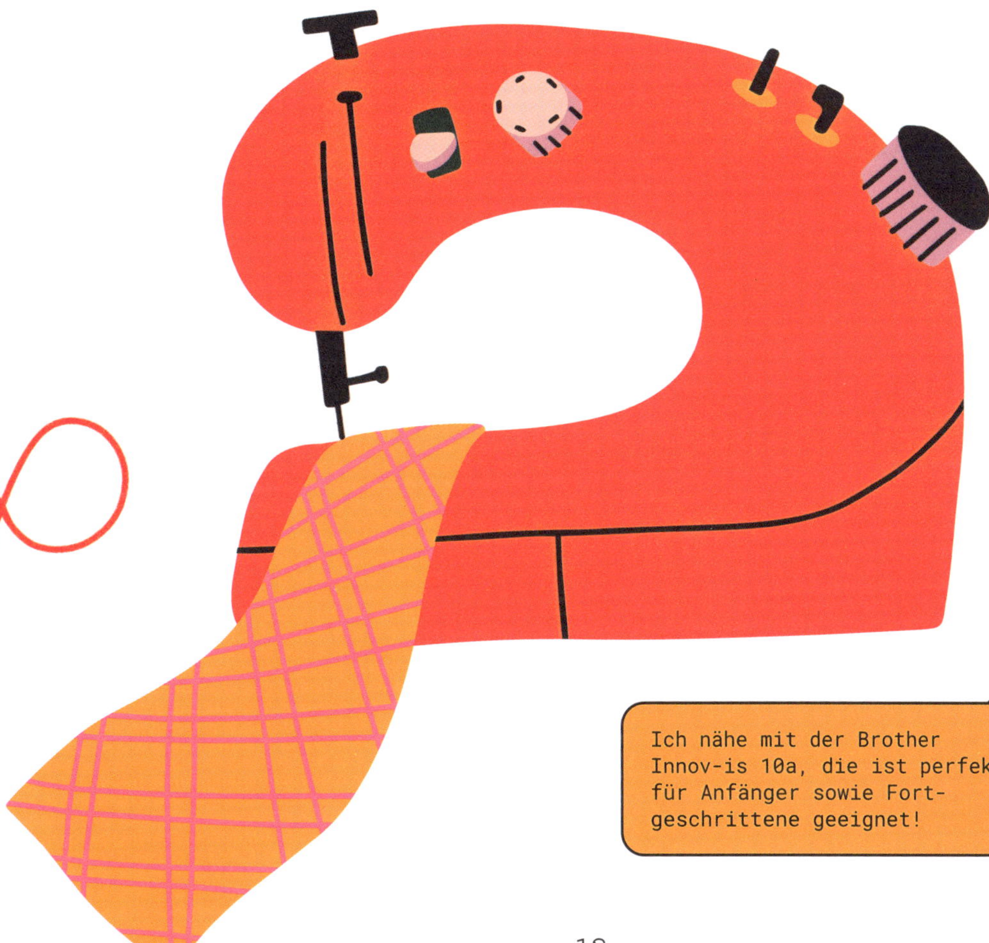

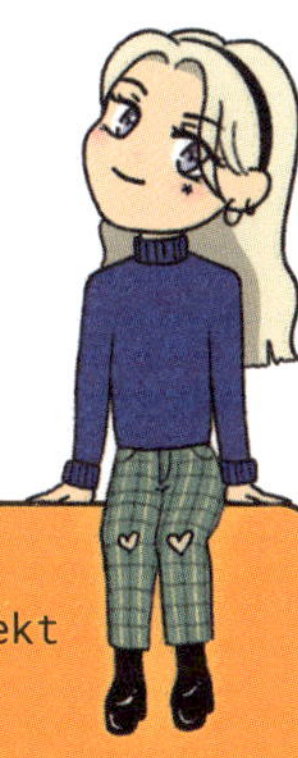

Ich nähe mit der Brother Innov-is 10a, die ist perfekt für Anfänger sowie Fortgeschrittene geeignet!

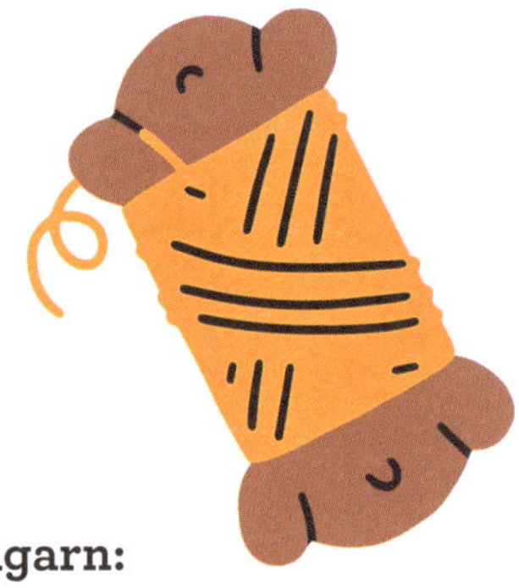

6. Nähgarn:
Natürlich brauchst du auch den passenden Faden. Für den Start empfehle ich Basic-Farben wie Schwarz, Weiß, Grau, Rot und Blau.

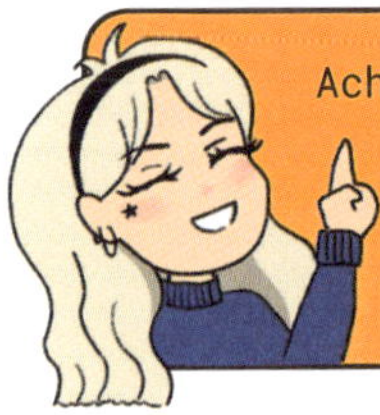

Achte auf die Marke. Billiges Garn neigt dazu, schnell zu reißen. Ich nutze meist Garn der Marke »Gütermann«. ;)

7. Schneiderkreide:
Um Formen und Schnittmuster auf deinen Stoff zu zeichnen, brauchst du etwas, was sich leicht wieder rauswaschen lässt: Schneiderkreide ist supereasy in der Anwendung.

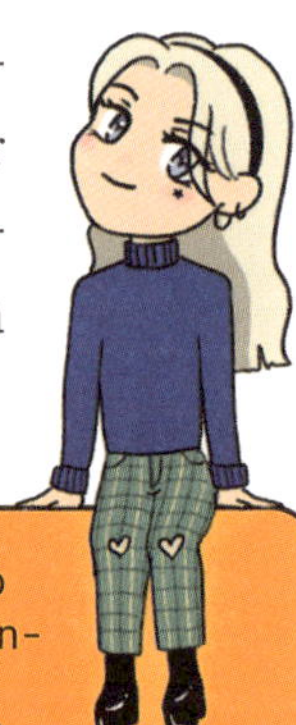

Ein Hausmittel, das genauso gut funktioniert: ein Seifenblock. Davon kannst du dir einfach ein Stück abschneiden und schon hast du deine DIY-Schneiderkreide. ;)

8. Ein langes Lineal:
Das darf niemals fehlen. Ohne exaktes Abmessen gibt's keine guten Nähergebnisse, glaub mir. Der Versuch, mit einem Maßband oder Schullineal eine lange, gerade Linie zu ziehen, führt nur zum nächsten großen Mental Breakdown (ich spreche aus Erfahrung). Hol dir deswegen am besten ein langes 50-cm-Lineal, mit dem bist du safe. :)

9. Ein altes Kleidungsstück (T-Shirt, Unterhemd, Hose etc.):
Bevor du dein Nähprojekt beginnst, solltest du an einem Teststoff etwas üben. Sonst hast du den ersten Mental Breakdown, bevor du überhaupt richtig losgelegt hast. :)

First Steps

Du hast die allermeisten Nähwerkzeuge beisammen, vor allem eine Nähmaschine? Dann verrate ich dir jetzt step by step, wie du am besten einsteigst.

Step 1:
Setz dich mit deiner Nähmaschine auseinander.
Egal, ob du die Maschine von einem Verwandten, einer Bekannten oder sogar neu gekauft hast: You have to get to know your new baby! Schnapp dir also entweder den*die Vorbesitzer*in oder nimm dir die Anleitung zur Hand und finde heraus, wie man den Ober- und Unterfaden richtig einfädelt, die Unterfadenspule auffüllt und probiere dich durch sämtliche Sticharten!

Falls du im Folgenden einige der verwendeten (Fach-)Begriffe nicht auf Anhieb verstehst: Don't worry, ab Seite 156 findest du ein ausführliches Nählexikon.

Welche Sticharten gibt es überhaupt und wofür verwendest du sie?

1. Der Geradstich
gehört zu den absoluten Basic-Stichen und wird auch am häufigsten benutzt. Mit dem Geradstich kannst du Stofflagen zusammennähen, Stoffe aufeinandernähen, absteppen oder Säume nähen.

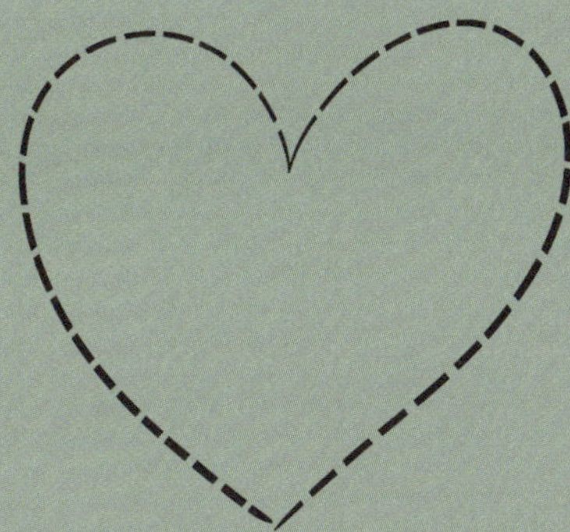

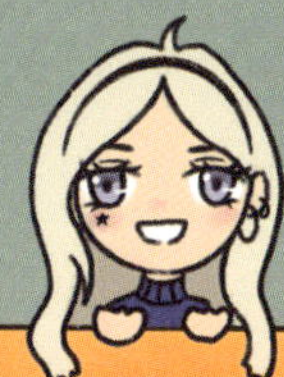

Sogar geraffte Nähte lassen sich mit dem Geradstich kreieren, dafür stellst du die Oberfadenspannung und Stichlänge auf das Größtmögliche ein, und schon rafft sich der Stoff beim Nähen. ;)

2. Der Zickzackstich
ist ebenfalls einer der Basic-Stiche, den jede gute Nähmaschine besitzen sollte. Für Anfänger ganz klar das Mittel, um rohe Kanten zu versäubern. Dabei bewegst du dich beim Nähen ganz knapp an der Kante und schaust, dass die Nadel immer einmal in den Stoff und einmal neben den Stoff trifft.

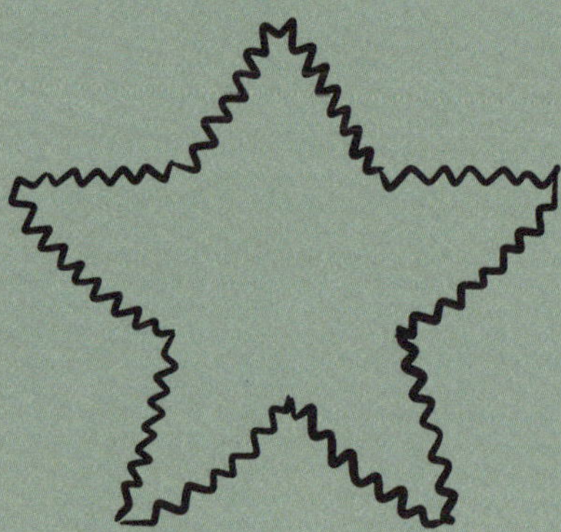

Das sind die beiden Stiche, die du basically für alle deine Nähprojekte brauchst. Falls deine Maschine auch noch andere Stiche beherrscht, z. B. den Blindstich, Knopflochstich, Knopfannäherstich und sonstige Ziersticke: Probier alles aus und mach dich vertraut mit deiner Nähmaschine.

So kannst du für den Anfang erst mal all deine Nähprojekte versäubern, ohne Sorge zu haben, dass sich gewebte Stoffe (alles, was nach dem Schneiden anfängt, auszufransen) auftrennen.

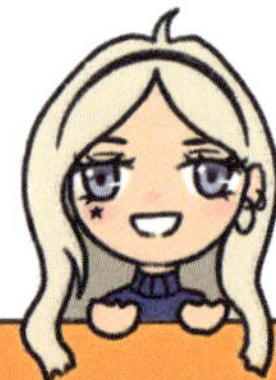

Für eine perfekt versäuberte Kante schlägst du den Stoff nach dem »Verketteln« (so nennt man das Versäubern mit dem Zickzackstich) ca. einen Zentimeter nach innen um und nähst diesen mit einem Geradstich parallel zur Kante fest.

Step 2:
Nähvideos auf YouTube durchsuchten

Bevor du mit irgendwelchen Projekten anfängst, solltest du dir ungefähr hundert Näh- und Upcycling-Videos auf YouTube reinziehen. Du brauchst nicht unbedingt einen Kurs zu besuchen, um das Nähen zu lernen. Ich habe mir in meiner Nählaufbahn eigentlich alles von anderen abgeschaut und dann einfach selbst ausprobiert. Meine Lieblings-Nähcreator auf YouTube sind übrigens Micarah Tewers und Glasinova. Von ihnen kannst du das Nähen lernen, sogar ohne jegliche Nähmaschine zu besitzen. ;)

Step 3:
Thriften gehen und alte Tischdecken von Mutti klauen

We did all the preparations, jetzt heißt es nähen, nähen, nähen! Aber natürlich kann man aus Luft nichts machen, deswegen empfehle ich alte Sachen und Stoffe, bei denen du dich austoben kannst, ohne dass es schlimm ist, falls das Ganze mal nach hinten losgeht, zum Beispiel:

- **Alte Shirts**
  Perfekt geeignet für einen ersten Versuch, etwas zu croppen.
- **Alte Hemden**
  Auch die lassen sich super kürzen oder in einen Zweiteiler verwandeln.
- **Alte Hosen**
  Aus lang mach kurz! Alternativ kannst du daraus auch einen Rock zaubern.
- **sowie Stoffe, mit denen man alles Mögliche machen kann,**
  wie Bettlaken/Bettbezug, Tischdecke oder Vorhang

Hier ist Platz für deine Nähliste:

Bevor du loslegst, solltest du dir deine Näh-Journey strukturieren und alles, was du jemals nähen wolltest, aufschreiben.

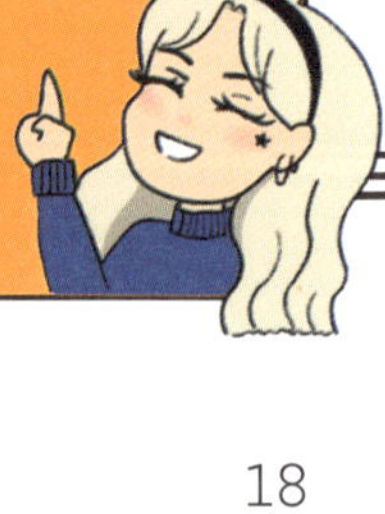

So wirst du Profi-Designer*in

Was macht dich zu einem Designer oder einer Designerin? Im Grunde gibt es auf diese Frage keine richtige Antwort. Es gibt niemanden, der dir diesen Titel verleihen kann, und auch teures Equipment allein wird dich nicht dahin führen.

Was ich dir jedoch garantieren kann: Es hilft extrem, sich selbst den Titel (auch wenn man sich selbst nur zum »Amateurdesigner« kürt) zu geben und nicht einfach nur Hobbynäher*in zu bleiben. Du wirst dich in deinem Tun viel freier fühlen, da du ALLES kreieren kannst. Du bist ja schließlich Designer*in. Es ist wie eine Manifestation für mehr Kreativität. Allerdings wirst du über die Zeit merken, dass dir anfangs einige Hilfsmittel zum professionellen Designen fehlen. Zu Beginn meiner Designkarriere habe ich meine Schnittmuster so zum Beispiel meistens sehr aufwendig an mir selbst drapiert und ungefähr einen ganzen Tag damit zugebracht, den Schnitt zu erstellen.

Um dir diesen Aufwand zu ersparen, empfehle ich dir wärmstens eine **Schneiderpuppe** in deiner Größe. Falls du sehr exakt arbeiten möchtest, gibt es auch extra verstellbare Schneiderpuppen. Die lohnen sich dann vor allem bei Auftragsarbeiten, also wenn du nicht nur Klamotten für dich selbst nähst.

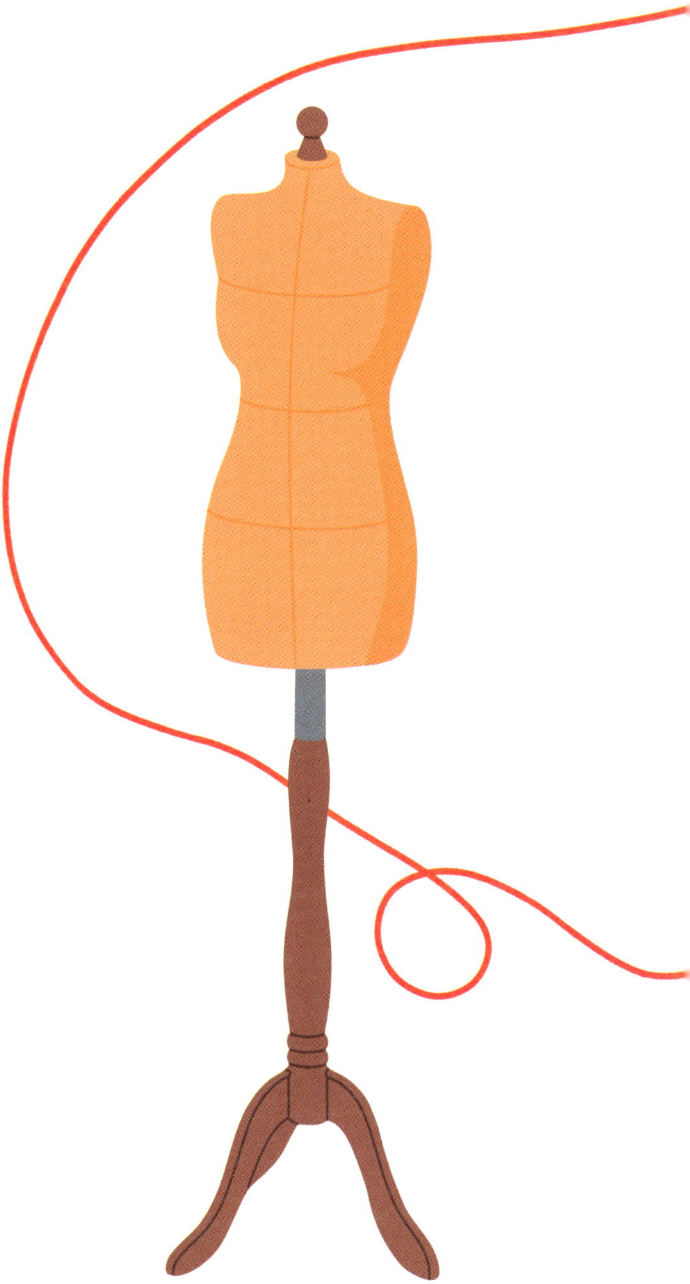

Ein anderes Gadget, das für mich mittlerweile unabdinglich geworden ist, ist die Overlock. Das ist im Vergleich zur »normalen Haushaltsnähmaschine« eine Maschine, die Kanten schneidet, versäubert und zusätzlich Stoffschichten zusammennäht, und das alles gleichzeitig.

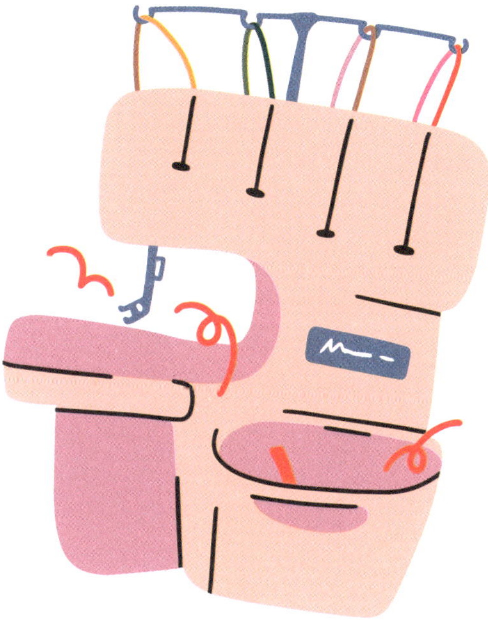

Fazit: Lohnt sich für etwas Fortgeschrittenere, da sie unnormal viel Zeit spart, aber für den Anfang tun es der Zickzack- und Geradstich der herkömmlichen Maschine auch.

Und jetzt folgen noch so ein paar kleinere Dinge, die deine Projekte als »professionelle*r Designer*in« erleichtern:

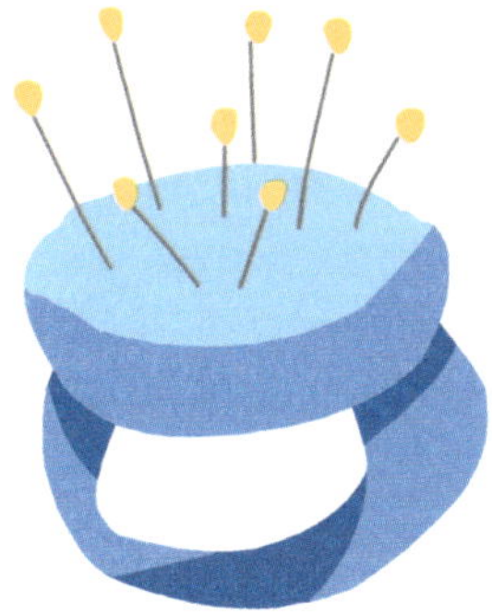

Armnadelkissen: Falls du keinen Bock mehr hast, dich immer irgendwohin zu verrenken, um deine Nadeln zu grabben, ist ein portables Nadelkissen eine echte Bereicherung. <3

Stoffklammern: Vor allem bei sehr dicken und voluminösen Stoffen wirst du mit den feinen Nadeln schnell an deine Grenzen kommen. Stoffklammern erleichtern das Zusammenheften dagegen sehr. Auch so sind die kleinen Klammern praktisch, da sie oft viel schneller angebracht sind als Nadeln!

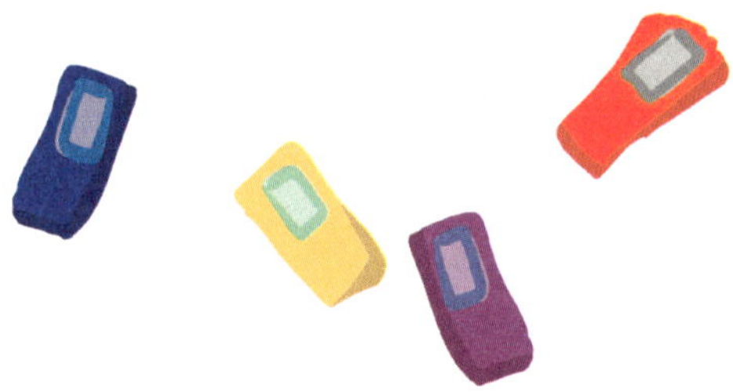

Schnittmusterordner: Nach den ersten eigenen Schnittmusterentwürfen lohnt es sich, einen Ordner dafür anzuschaffen. Ich hab's leider nicht direkt gemacht und hab die Dinger verloren wie Haargummis. Der Vorteil, wenn du deine Schnittmuster sammelst, ist offensichtlich: Du kannst die Schnitte so oft wiederverwenden, wie du willst. Und was du hast, brauchst du auch nie wieder zu erstellen. ;)

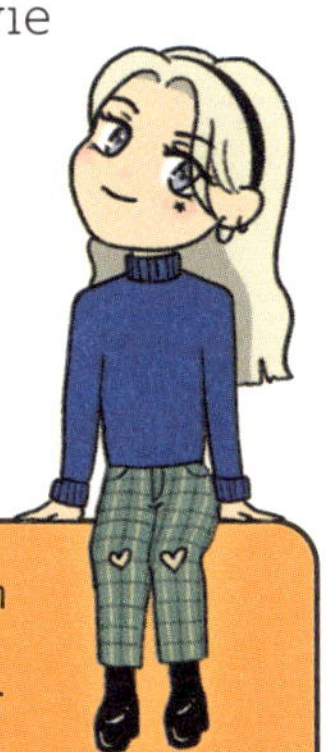

Benutze Klarsichtfolien, um deine Schnittmuster aufzubewahren, und schreib immer direkt drauf, wofür das Schnittmuster gedacht war. So umgehst du viel Verwirrung, wenn du nach einem halben Jahr nach einem bestimmten Schnittmuster suchst. ;)

Skizzenheft: The most fun part beim Entwerfen sind natürlich die Designs! Mit Hilfe eines Skizzenbuchs kannst du jedes einzelne Design sammeln. Außerdem kannst du es unterwegs mitnehmen, und falls du dich jemals für ein Designstudium bewerben willst, sparst du dir so einen Haufen Sucharbeit!

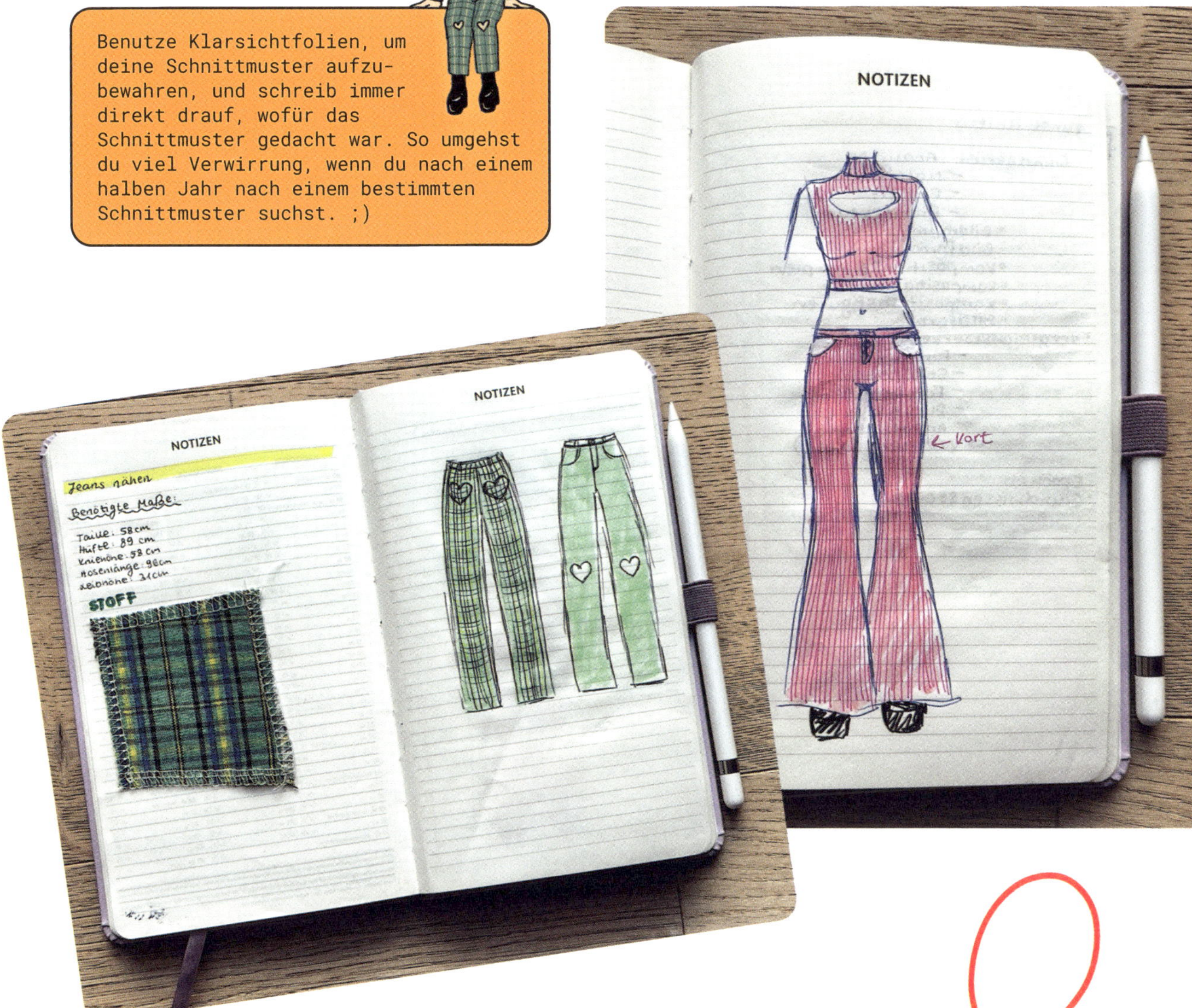

Stoffregister

Eine Übersicht über die Vielfalt der Stoffe und Textilien

Wenn du dich bereits an einem Nähprojekt versucht hast, hast du bestimmt schon mal irgendeinen random Stoff ausgewählt und dann vielleicht schnell gemerkt, dass dieser gar nicht mal so passend ist … Stoffe muss man einfach anfassen und fühlen können, deswegen ist hier Platz für deine ultimative und einzigartige Sammlung!

Besuche dafür am besten deinen lokalen Lieblingsstoffladen und nimm dir zu all den hier aufgezählten Stoffarten mit verschiedenen Zusammensetzungen eine kleine Probe mit, die du hier einkleben kannst. ;)

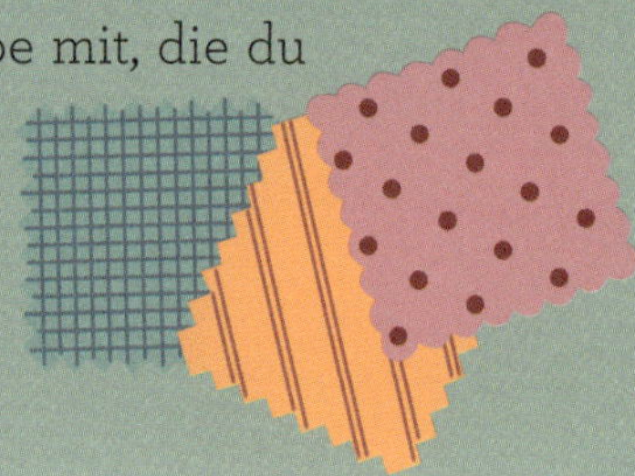

Baumwolle

Baumwollsatin

Denim

Cord

Damast

Frottee

Samt

Batist

Leinen

Leinenbatist

Jägerleinen

Reinleinen

Halbleinen

Wolle

Filz

Loden

Flanell

Seide

Brokat

Chiffon

Damast

Jacquard

Satin

Chemiefaser

Viskose

Lyocell

Polyamid

Polyester

Elasthan

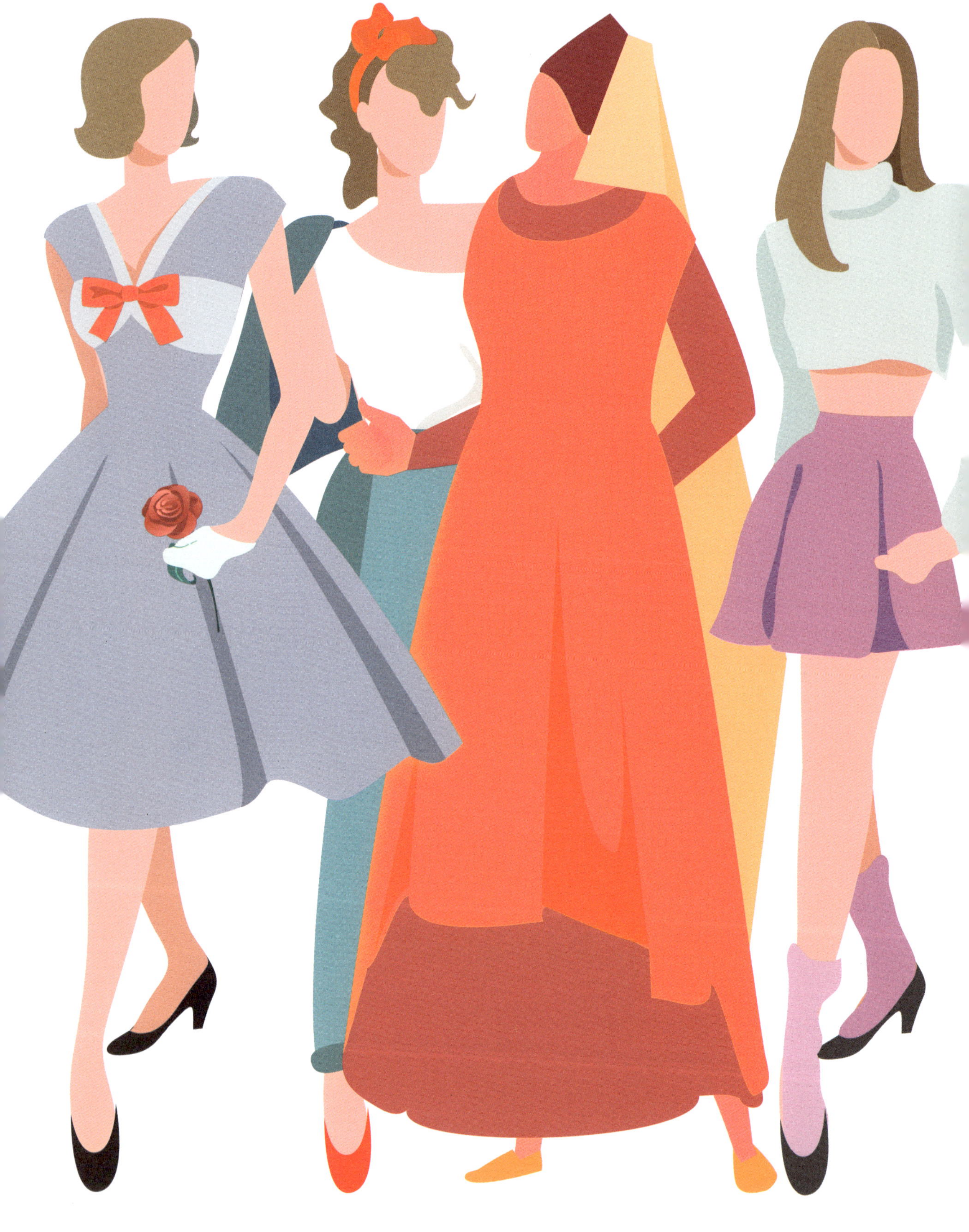

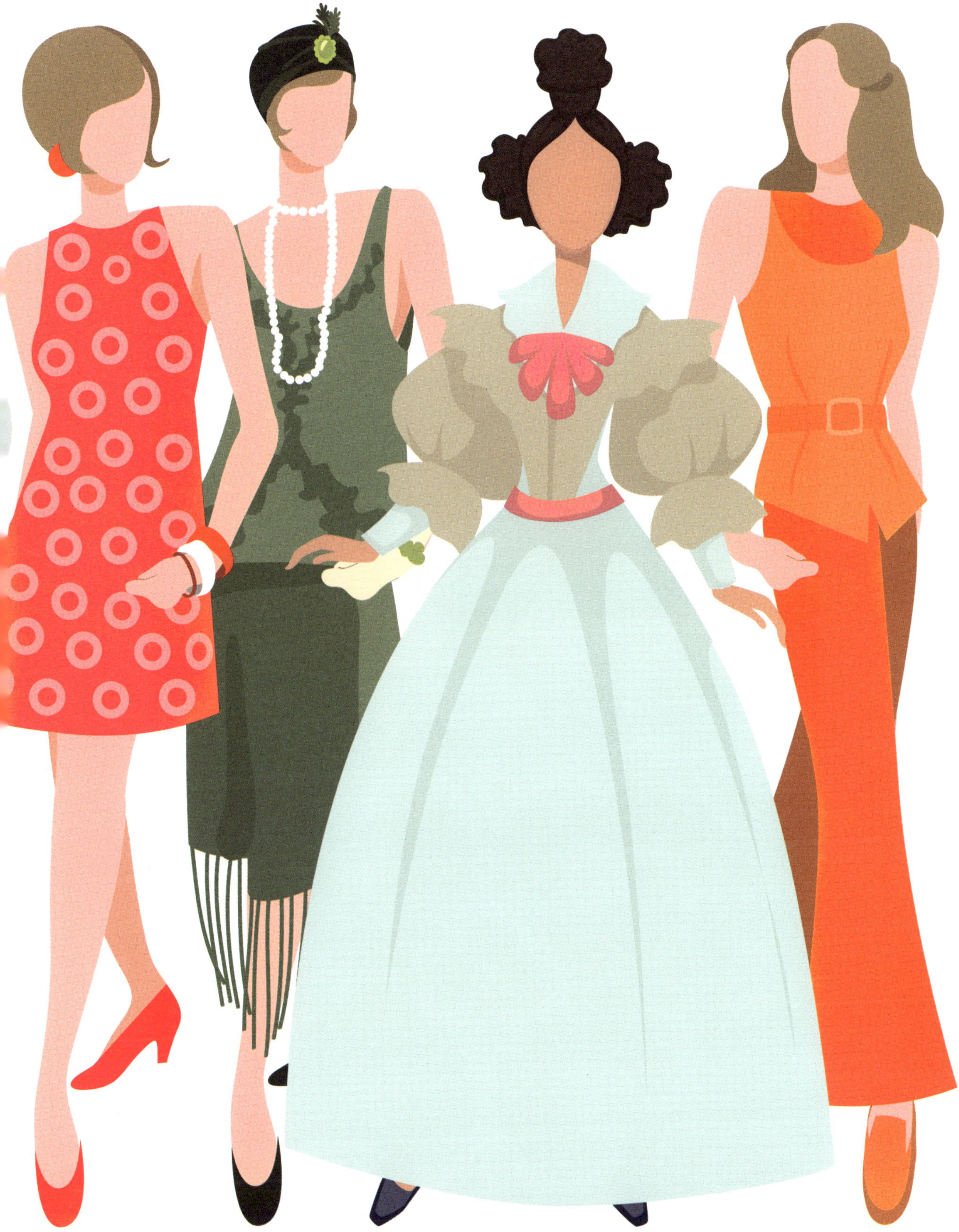

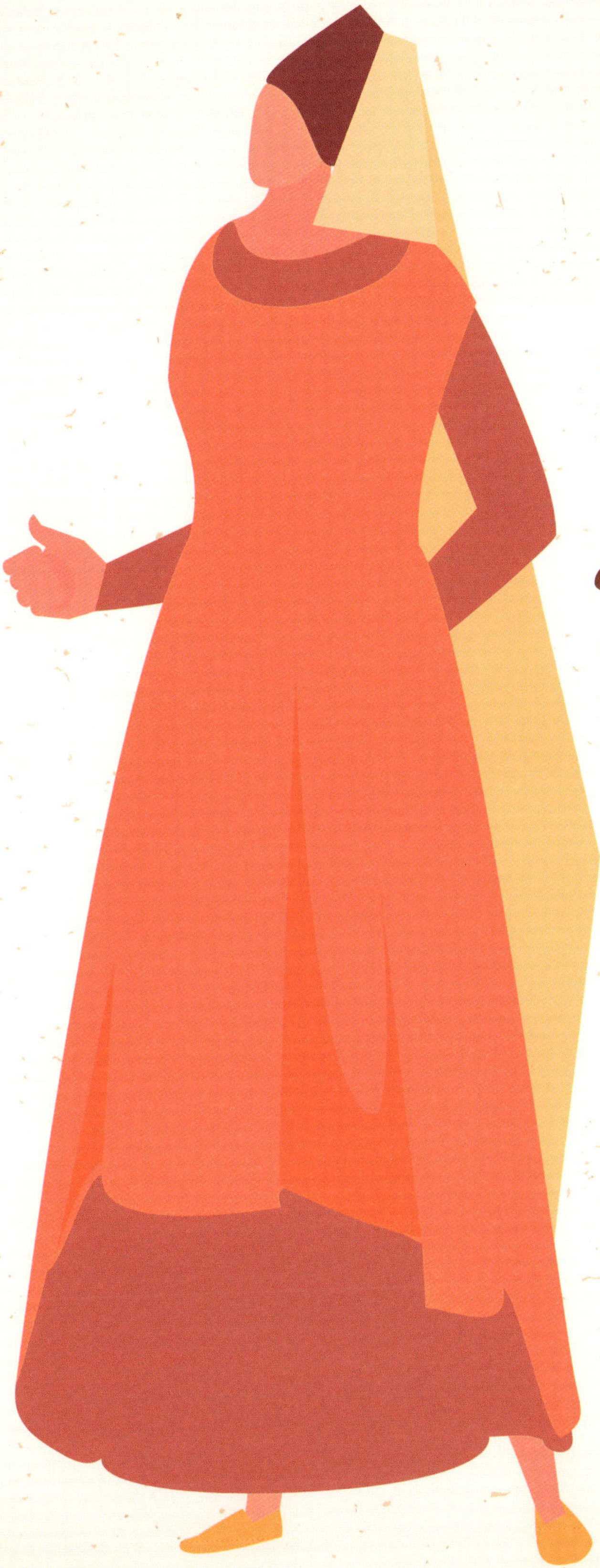

The Middle Ages

Mode im Mittelalter: Style-Check

Anhand der Kleidung und Qualität der Stoffe konnte man die gesellschaftliche Rolle der Menschen im Mittelalter erkennen. Die niedrigen Stände griffen auf zur Arbeit geeignete Kleidung zurück, der Adel hingegen schmückte sich mit kostbaren Materialien in schillernden Farben. So waren Stoffe wie Seide oder der mit Gold- oder Silberfäden durchzogene Brokat der Oberschicht vorbehalten. Absolutes It-Piece im Adel? Die spitz zulaufenden Schnabelschuhe.

Zu Beginn des Mittelalters waren vor allem weite Schnitte angesagt, sowohl bei Damen und Herren. Über der Cotte, einem Schlupfkleid, trugen Männer und Frauen eine fließende Tunika mit Ärmeln, einen sogenannten Surcot.

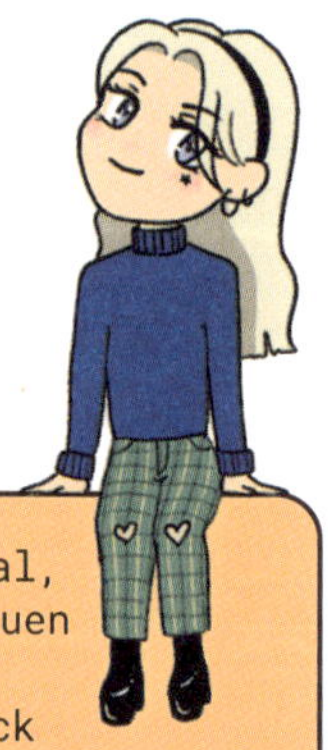

Damals war es einfach normal, dass Männer genauso wie Frauen Kleider und Röcke trugen. Let's please bring that back and normalize!

Erst ab dem 12. Jahrhundert hatten die Kleider der Frauen einen körperbetonten Schnitt, dafür wurde das Oberteil an der Seite oder im Rücken geschnürt. Die Untergewänder waren aus Leinen gefertigt, die Obergewänder wie Kleider und Mäntel hauptsächlich aus wärmender Wolle. Das imprägnierende Lanolin (wachsartiges Wollfett) schützte gut vor Nässe. Mittelalterliche Outfits bestanden mindestens aus zwei bis drei Schichten, z. B. aus einem Unterhemd, einem Obergewand und einem Mantel.

Irgendwie megasad, dass man den Mittelalter-Look heutzutage nur noch selten sieht. Ich würde mir für 2023 wünschen, dass wir offener gegenüber »außergewöhnlichen« Fashion-Styles werden.

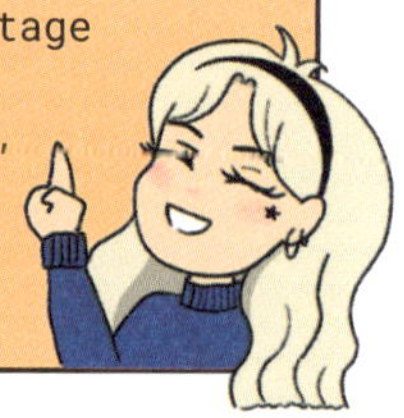

Als Kopfbedeckung diente den Frauen besonders im späten Mittelalter eine Hennin, eine Haube in spitzer oder stumpfer Kegelform und herabhängendem Schleier.

Inspired by the Middle Ages

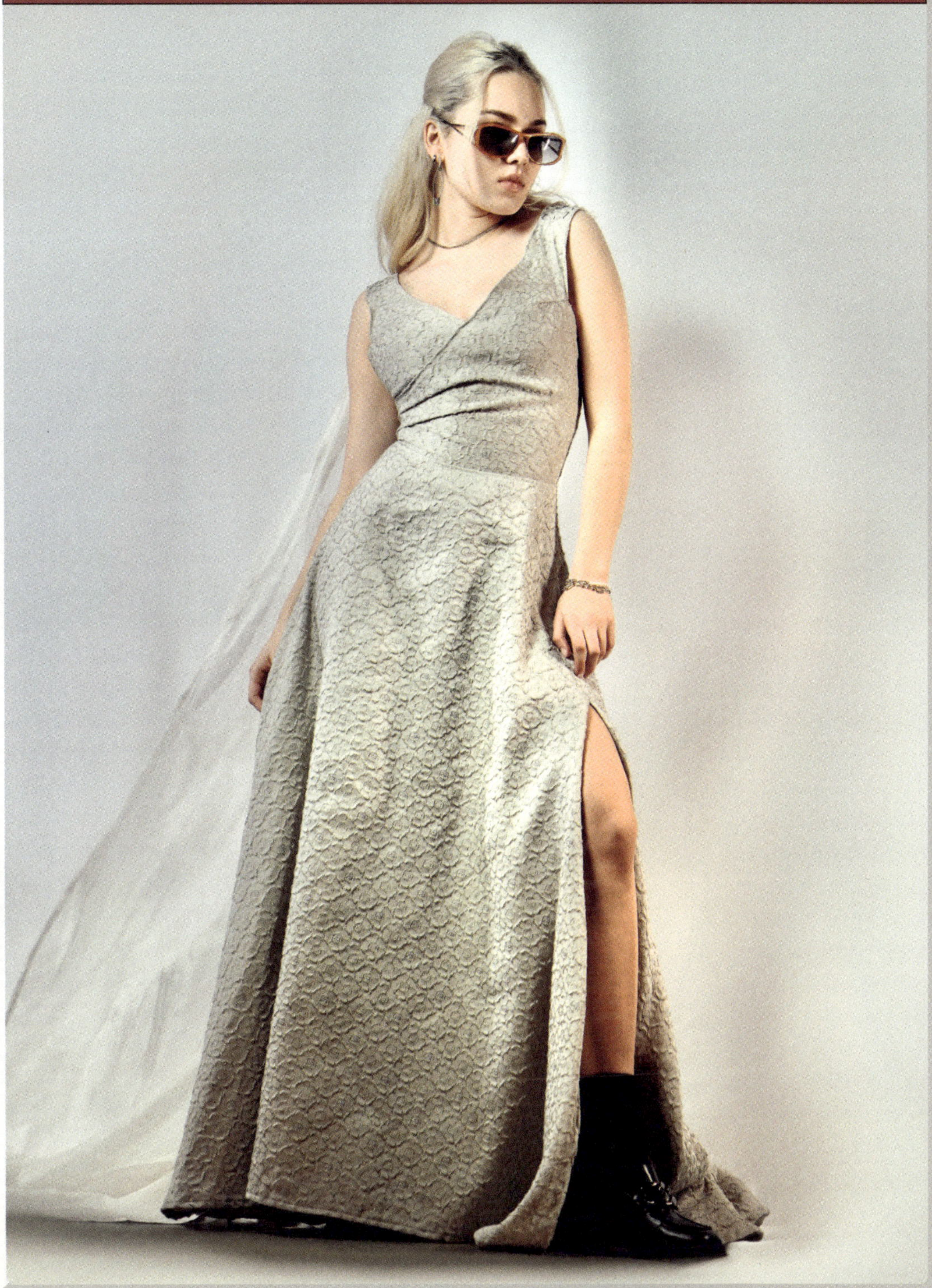

Fashion-Moodboard

Deine modische Collage im Mittelalter-Style

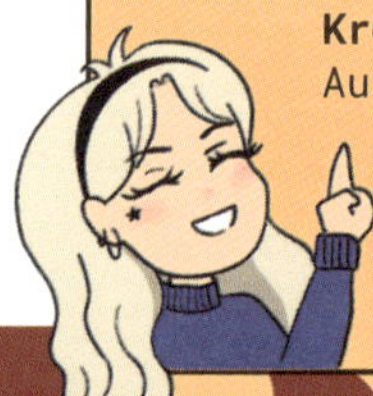

Kreiere ein Stimmungsbild!
Ausgedruckte Bilder und Fotos, Zeichnungen auf Klebezetteln, Textilien, Perlen und andere flache Dinge, die sich zum Aufkleben eignen: Hier ist Platz für alles, was in deinen Augen zur Mittelalter-Fashion passt.

Design-Challenge

Designe ein Outfit mit Elementen aus der Mittelaltermode, das auch heutzutage den Style-Check bestehen würde! Du kannst alles tragen, also no rules, bestie! <3

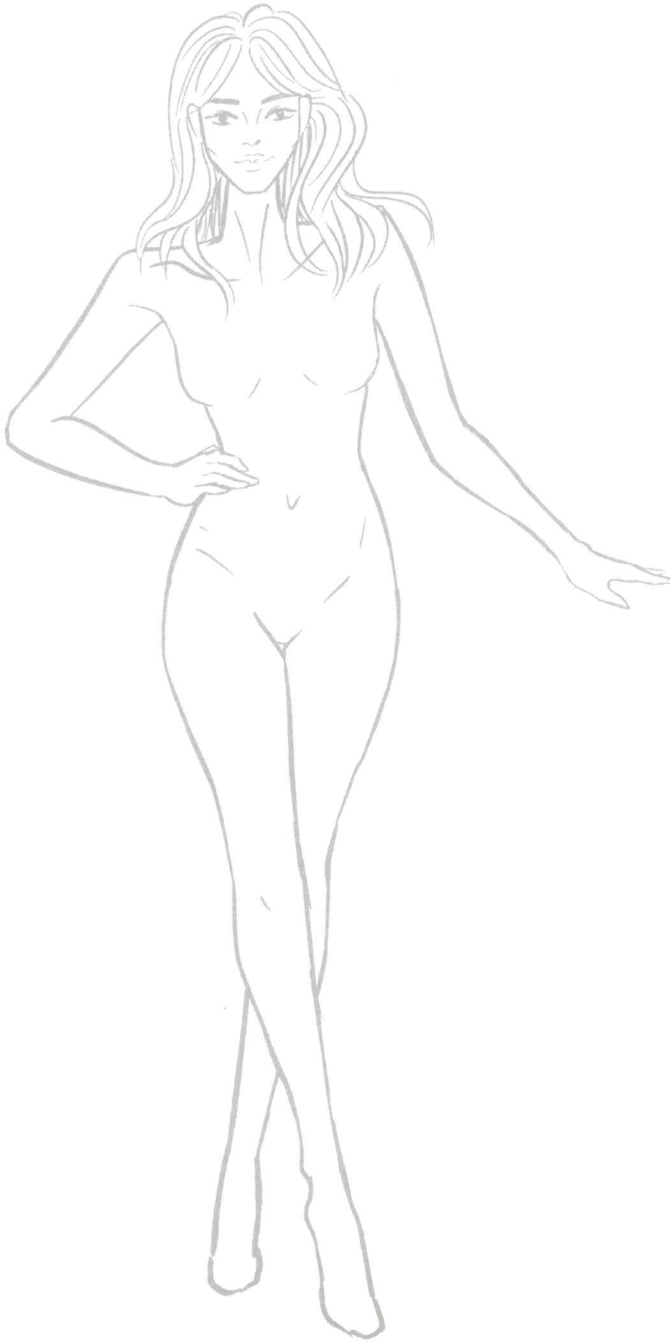

Reflexion

Hier hast du die Möglichkeit, über die Mode-Ära des Mittelalters sowie über deine Design-Challenge zu reflektieren. Welchen Style hast du für dich entdeckt, und was sagt das über dich aus? Schreib auf, was dir gefällt und was nicht.

Foto-Challenge

Stell ein basic Everyday-Outfit im Mittelalter-Style zusammen. Bediene dich dafür an dem Stuff, der schon in deinem Kleiderschrank hängt. Oder du machst einen kleinen Trip in 'nen local Thrift-Store.
Hier ist Platz für ein Erinnerungsfoto:

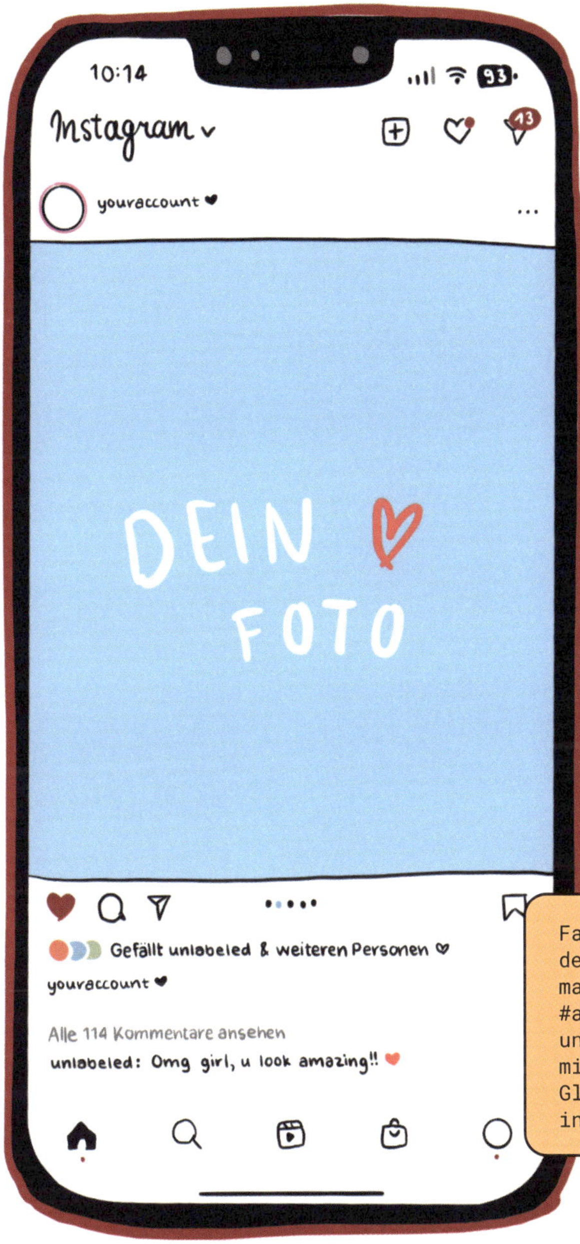

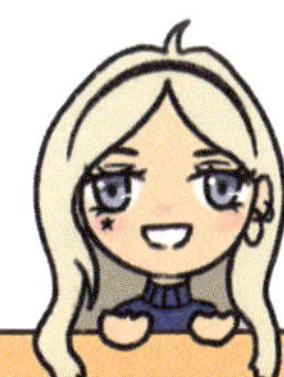

Falls du Bock hast, dein Outfit zu posten, markier mich mit #articulateyourself unter dem Bild, und mit ein bisschen Glück reposte ich es in meiner Story. <3

Q&A

PRIVATE STUFF ABOUT PAULA

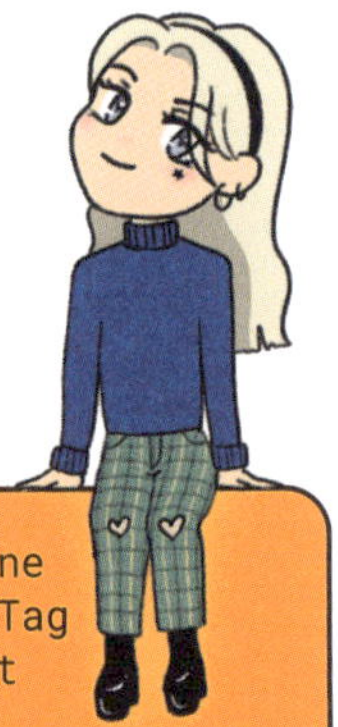

Welches Tier wärst du?

Ich persönlich wäre gern ’ne Kuh. Du stehst den ganzen Tag auf ’ner Wiese, chillst mit deinen Besties und frisst. Gibt es ein besseres Leben?! Meine beste Freundin meint, ich sei eine Katze, weil ich »schlau und geschickt« sei (LOL, danke), die »aber auch mal fies sein« kann (ups). Mit genügend Vertrauen und Freundschaft sei ich aber der sweeteste und loyalste Mensch (das ist so süß, ich weine gerade. Love you, Paula <3). Müsste ich ein Fabelwesen sein, wäre ich wohl ein Drache. Das konnte sie aber nicht begründen, also lassen wir’s einfach mal so stehen.

Was war dein Lieblingsfach in der Schule?

Ich hatte tatsächlich zwei. Mein erstes: Kunst, wer hätte es gedacht. Das zweite: Mathe. I know, hört sich grausam an, aber ich war in meiner Schulzeit ein kleiner Nerd, und Noten waren mir sehr wichtig. Ich kann’s nicht genau beschreiben, aber Mathe hatte für mich immer irgendwas von ’nem immer komplizierter werdenden Spiel, und das hat mir lowkey Spaß gemacht.

Was war dein Abi-Schnitt?

Ich habe mein Abi in Bayern gemacht und einen Notendurchschnitt von 1,9 erreicht (was relativ gut ist, wenn man bedenkt, dass ich während meines Abis nur genäht habe, haha).

Wie groß bist du?

Viele denken anscheinend, dass ich supergroß bin. Das wirkt in meinen Videos vielleicht so, aber ich bin mit 1,65 m eigentlich relativ klein.

Was ist deine Lieblingsserie?

Die Serie kennen die meisten wahrscheinlich gar nicht mehr, aber ich habe früher »Sabrina - Total Verhext!« durchgesuchtet. Ich war wohl so beeindruckt vom Hexen, dass ich irgendwas machen musste, das für andere wie Zauberei wirkt – Nähen, haha.

Was ist dein Lieblingsessen?

Ganz klar Sushi. Und ich mochte das sogar schon mit fünf Jahren, bevor es zum Hype-Gericht wurde.

Was ist deine Lieblingsfarbe?

Ich bin ganz ehrlich, ich habe keine. Ich liebe einfach alles Bunte. Früher hatte ich mal 'ne ziemlich krasse Obsession mit Grün, dann Lila. Mittlerweile habe ich gemerkt, dass das voll moodabhängig ist und man da jeden Tag was anderes sagen könnte. ;)

Was sind deine Lieblingsstadt und dein Lieblingsland?

Ich war letztes Jahr mit meiner großen Schwester in Wien und kann nicht beschreiben, wie unfassbar pretty ich diese Stadt fand. Falls ich irgendwann mal von Berlin wegziehen sollte, ist mein nächster Wohnort (hoffentlich!) Wien. Da ich in meinem Leben noch nie wirklich viel gereist bin, habe ich noch kein Lieblingsland. In Zukunft habe ich mir aber vorgenommen, viel zu reisen und mehr von der Welt sehen zu dürfen. :)

Warst du schon mal verliebt?

Kurze, knappe Antwort: nein. Fun Fact, ich war bis zu meinem Abi auf einer katholischen Mädchenschule und saß ab der elften Klasse wirklich konstant in meinem Zimmer vor der Nähmaschine, bis jetzt. Also hat sich das bisher einfach noch nicht ergeben, but that's fine. Fühl dich bei so was bitte nie gepressurt, alles wird zur richtigen Zeit passieren.

Was ist dein größter Traum?

Ich habe sehr viele Träume und würde gerne sooo viele Sachen gleichzeitig machen, dass ich manchmal denke, ich brauche mehrere Leben dafür. Ich glaube, der größte Wunsch von allen ist es aber tatsächlich, eine eigene, weltweit bekannte Marke zu haben, die alle großen Fast-Fashion-Konzerne in die Insolvenz treibt. Ziemlich utopisch, I know, aber mich macht die gegenwärtige Situation für die dort arbeitenden Menschen und die Umwelt so traurig, dass ich einfach so hart wie möglich dafür arbeiten werde.

OUTFIT

Planner

Tomorrow's Outfit

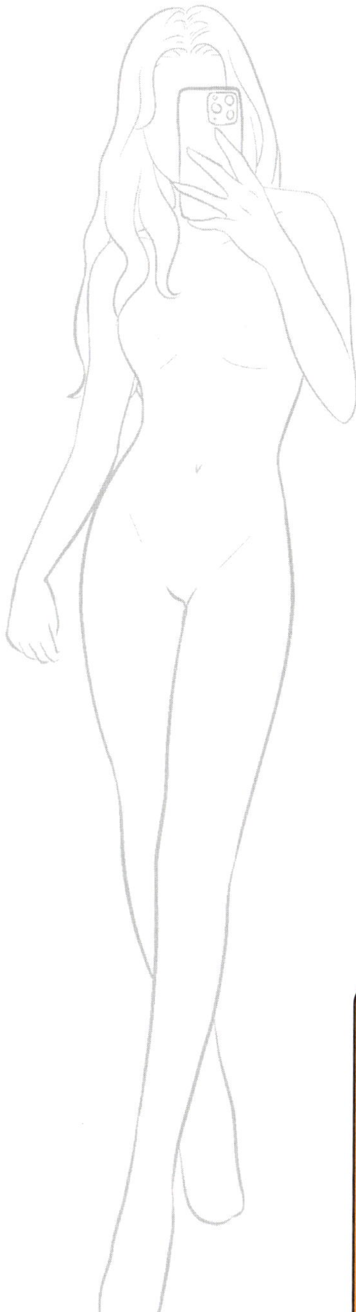

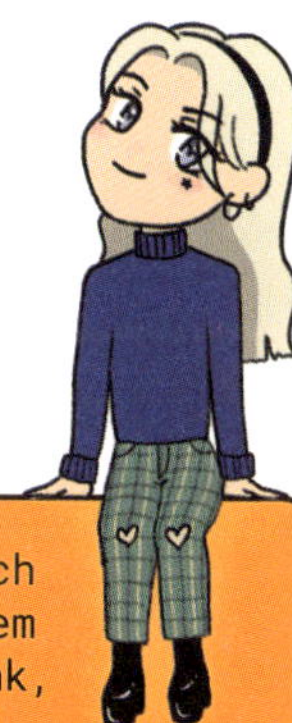

Stehst du auch oft vor deinem Kleiderschrank, musst schnell los, findest aber nichts zum Anziehen und bist megaunzufrieden mit deinem Last-Minute-Outfit? I got ya.
Bleib organisiert, plane dein Outfit bis zu den kleinsten Accessoires and be that queen. <3

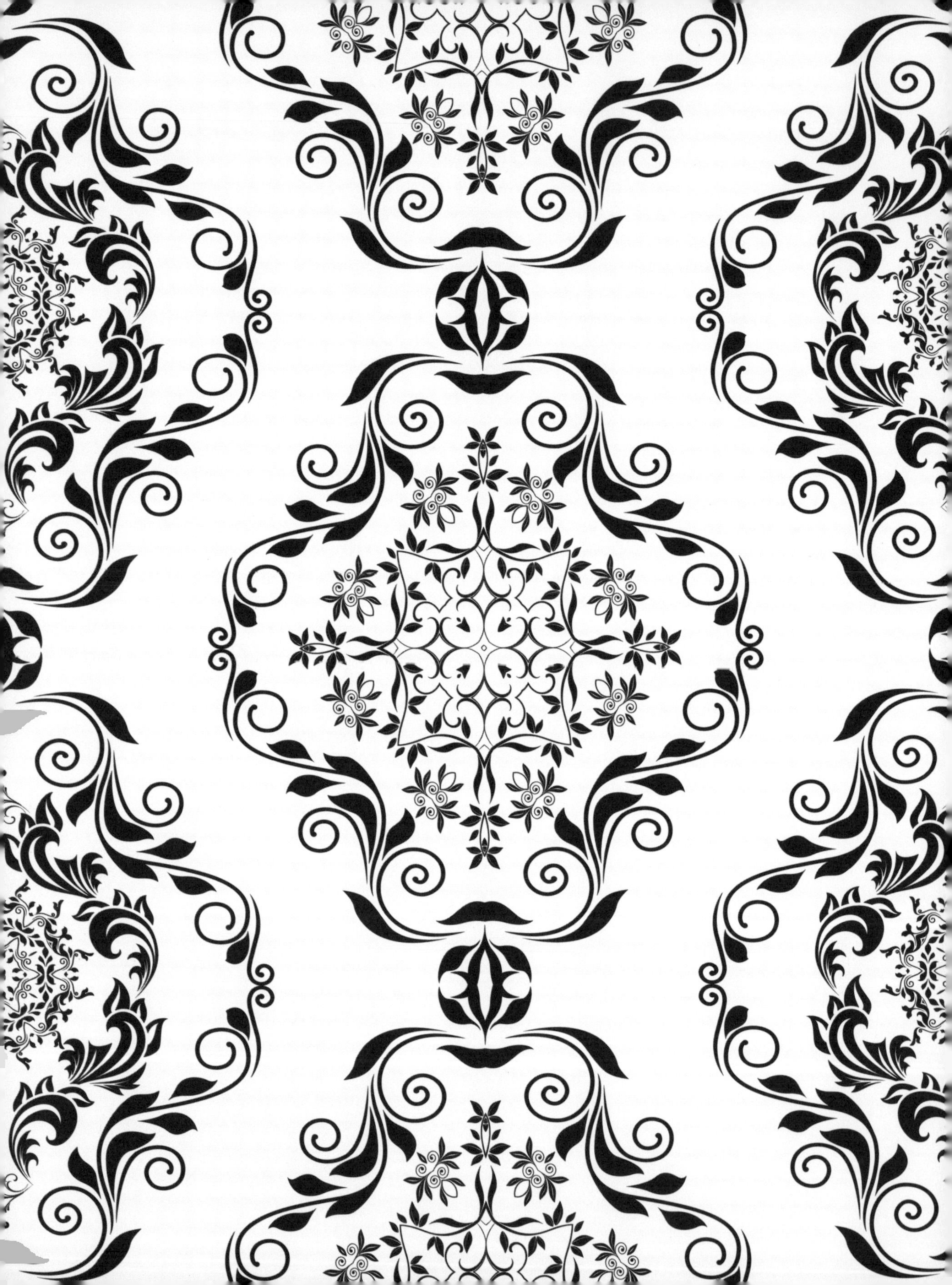

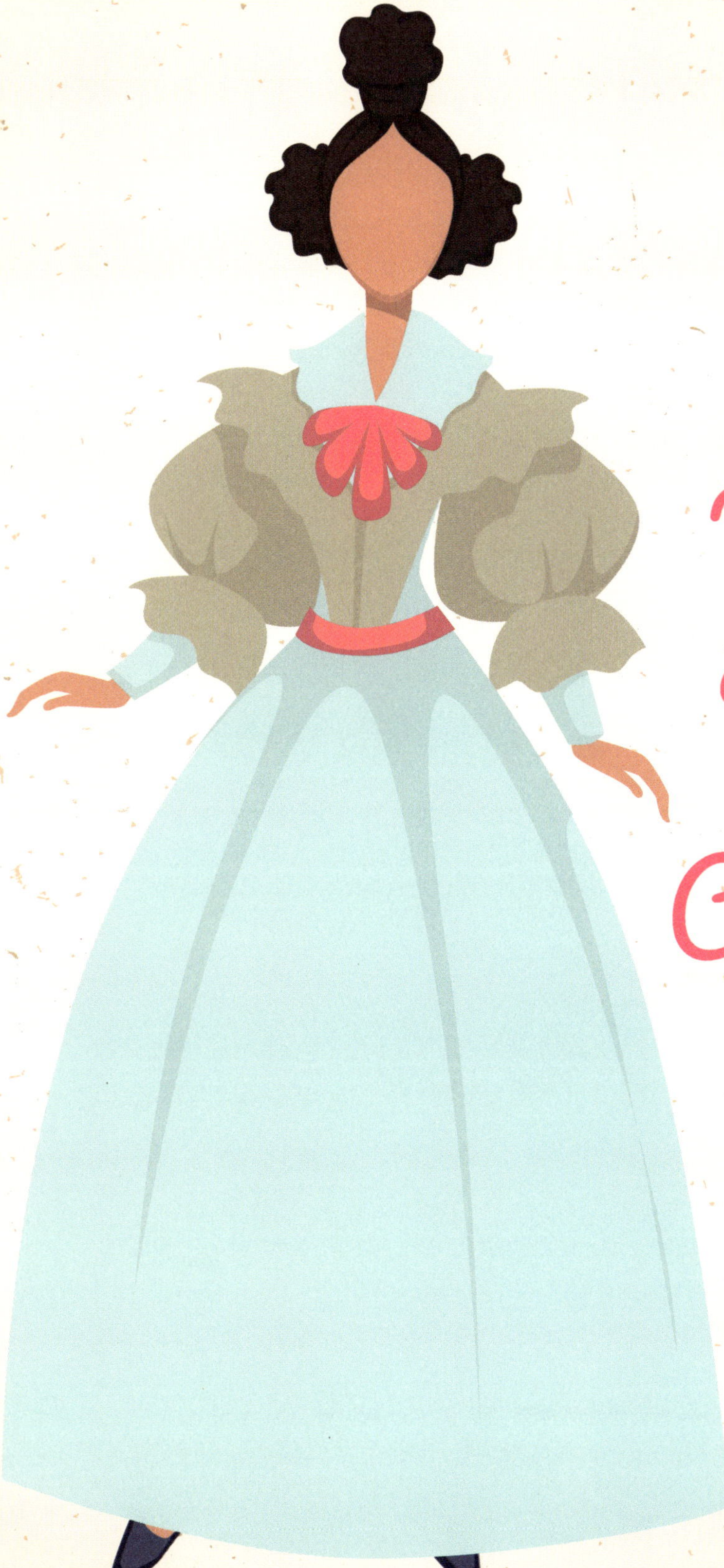

First Half of the 19th Century

Mode in der ersten Hälfte des 19. Jahrhunderts: Style-Check

Breite Röcke, schmale Taillen: Zur Zeit des Biedermeiers (1814–1848) konnten die Röcke gar nicht ausladend genug sein. Die langen glockenförmigen Röcke sind charakteristisch für diese Zeit.

Von Jahr zu Jahr wurden sie voller, so dass schließlich ein Reifrock das Gewicht der vielen Stofflagen tragen musste. Um 1840 erfand man dann die sogenannte Krinoline, ein mit Rosshaar versteifter Unterrock, die das Gewicht der Stoffmenge aus Falten und Volants einigermaßen abfing. Ein eng anliegendes Korsett verstärkte den Effekt, und in Kombination mit dem vollen Rock und großen Ärmeln ergab sich die beliebte Sanduhrfigur.

Übrigens: Der Umfang der Ärmel variierte im Laufe der Jahre. Mal waren kleinere Puffärmel angesagt, mal opulente Keulenärmel. Die Muster waren verspielt und floral, zahlreiche Stickereien und Applikationen zierten die Kleider.

Zur Biedermeierzeit unterschied man zwischen dem Tages- und Abendkleid. Das Tageskleid war hochgeschlossen, Ballkleider hingegen betonten das Dekolleté. Kunstvoll aussehende Frisuren rundeten den Look ab, und mit langen Schals, kurzen Schulterumhängen (Pelerinen) und länger geschnittenen capeartigen Mänteln (Pelissen) hielt man sich warm.

Männer trugen zu festlichen Anlässen einen Frack oder einen Gehrock, eine doppelreihige Jacke mit knielangem Schoß (an der Taille angesetzter Teil), kombiniert mit einem dunklem Tuch.

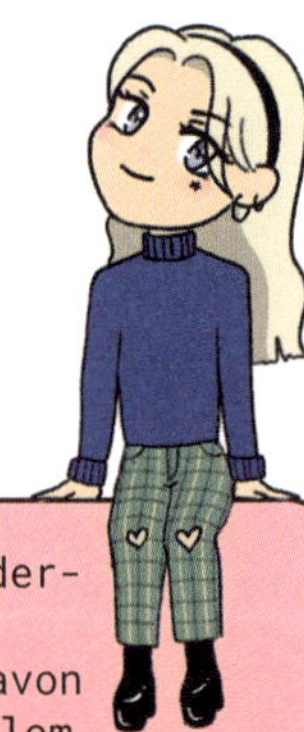

Ich LIEBE die Mode der Biedermeierzeit. Du kannst dich heutzutage noch so krass davon inspirieren lassen. Vor allem Korsetts, Puffärmel und florale Muster – *chefs kiss*.
An alle Anfänger sowie Fortgeschrittene, die sich bis jetzt noch nicht getraut haben: Wagt euch an euer erstes Korsett und Puffärmel. Ihr werdet sehen: It's a lot easier than you might think. ;)

Inspired by the first half of the 19th century

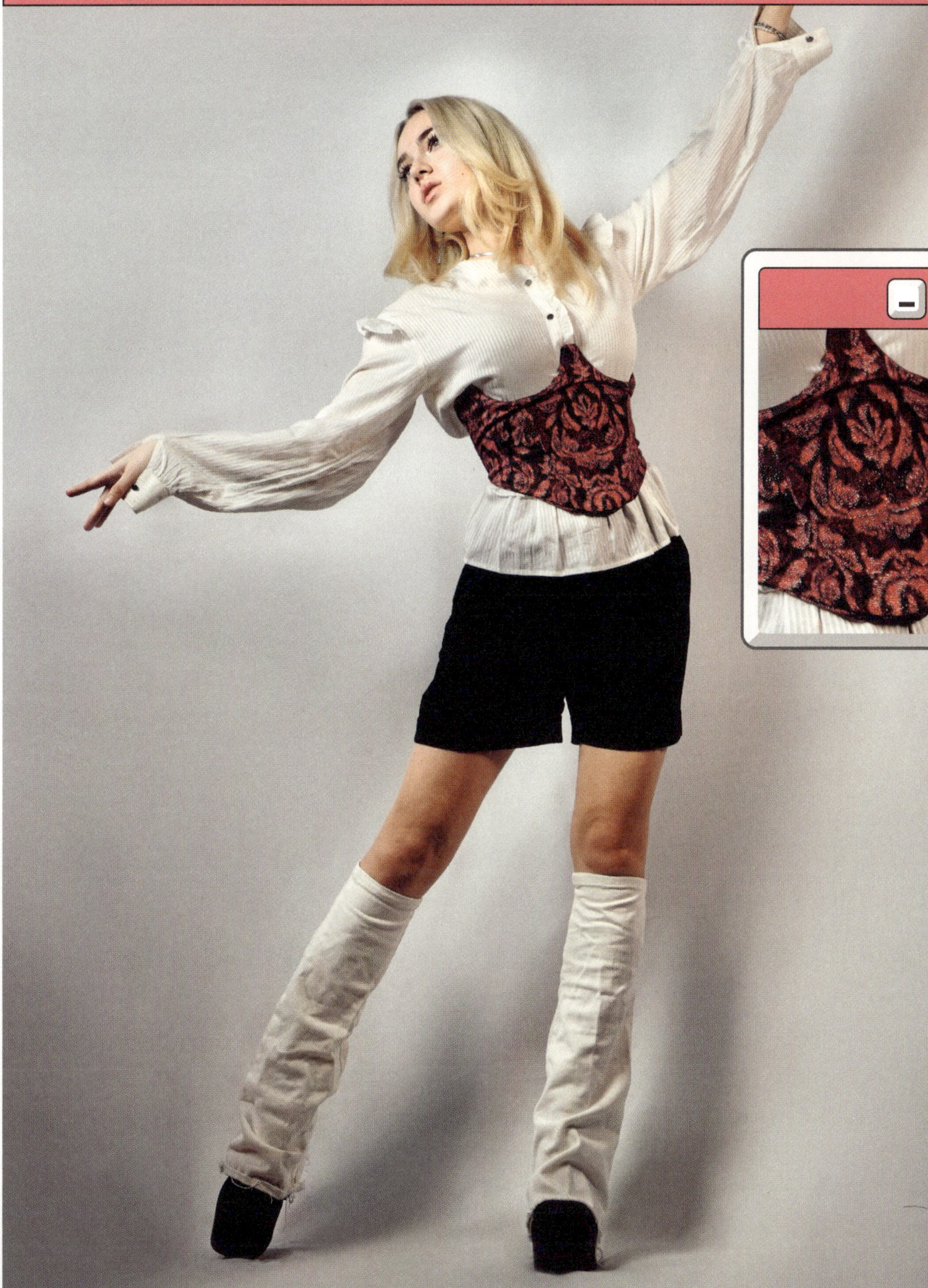

Fashion-Moodboard

Deine modische Collage im Biedermeier-Style

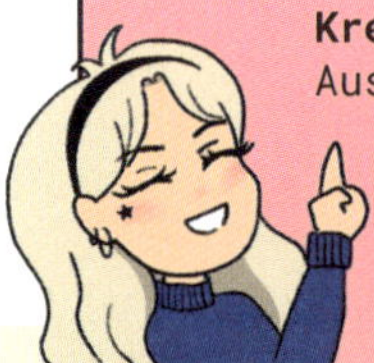

Kreiere ein Stimmungsbild!
Ausgedruckte Bilder und Fotos, Zeichnungen auf Klebezetteln, Textilien, Perlen und andere flache Dinge, die sich zum Aufkleben eignen: Hier ist Platz für alles, was in deinen Augen zur Biedermeier-Fashion passt.

Design-Challenge

Stell dir vor, deine Schule würde einen Abschlussball im Stil des 19. Jahrhundert veranstalten. Designe einen passenden Fit, der auch um 1930 slayen würde.

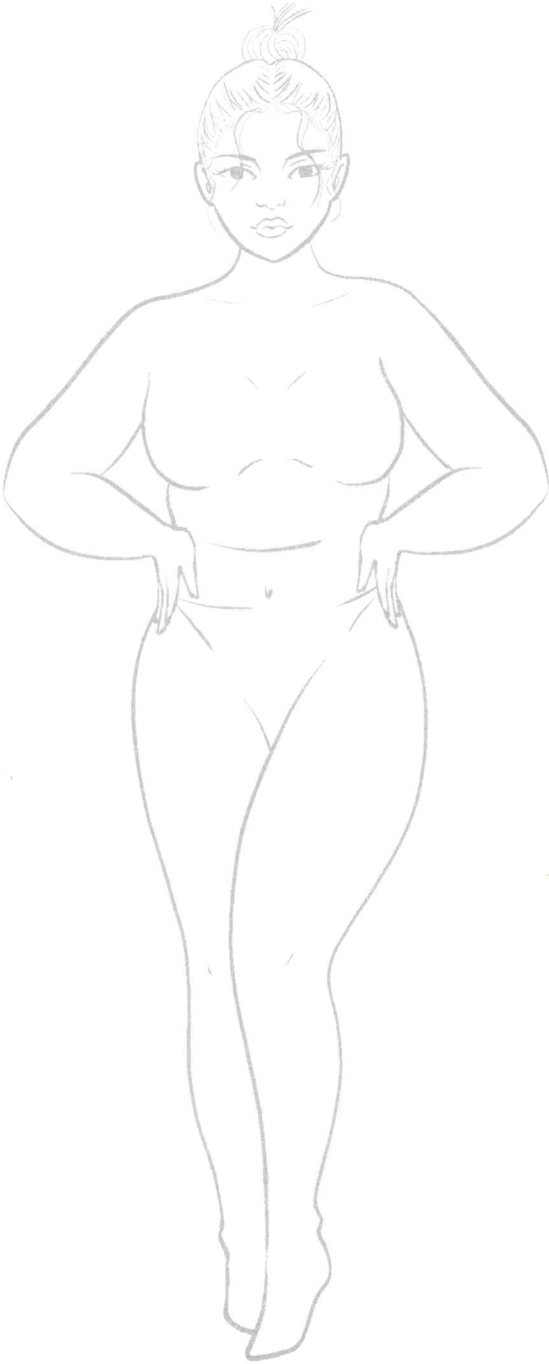

Reflexion

Hier hast du die Möglichkeit, über die Mode-Ära des Biedermeiers sowie über deine Design-Challenge zu reflektieren. Welchen Style hast du für dich entdeckt, und was sagt das über dich aus? Schreib auf, was dir gefällt und was nicht.

Foto-Challenge

Stell ein sweetes Outfit für eine Tea-Party im Stil des 19. Jahrhunderts zusammen. Bediene dich dafür an dem Stuff, der schon in deinem Kleiderschrank hängt. Oder du machst einen kleinen Trip in ’nen local Thrift-Store.
Hier ist Platz für ein Erinnerungsfoto:

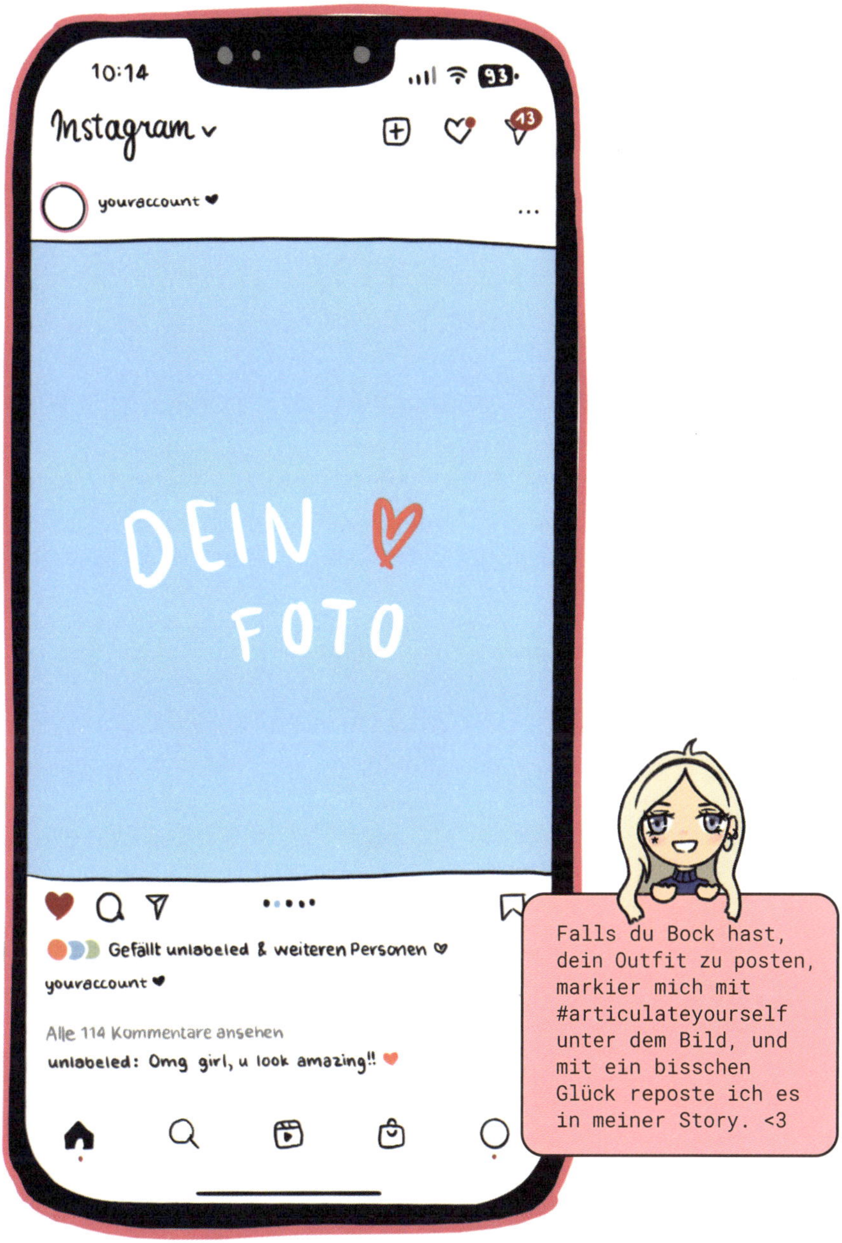

5 Gründe

WARUM ES KUH-L IST, SECONDHAND ZU SHOPPEN

Ich habe schon soo viele Vorurteile über Secondhand-Shopping gehört: Viele stört der Gedanke, dass das Kleidungsstück schon vorher von jemand anderem getragen wurde, andere sträuben sich vor dem manchmal etwas pikanten Geruch der Sachen oder befürchten gar, beim Tragen von Secondhand-Fashion von Läusen befallen zu werden?!
Mit diesen haltlosen Klischees möchte ich aufräumen, denn: Wenn man den neuesten Secondhand-Fund vor dem ersten Tragen einmal richtig wäscht, hat man ein Teil, das wie neu erscheint.

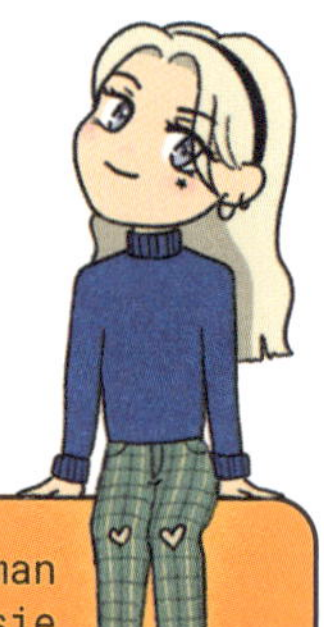

Auch »neue« Sachen sollte man übrigens immer, bevor man sie das erste Mal trägt, waschen: Die Farbstoffe, mit denen die Kleidung gefärbt wurde, sind supergiftig und gesundheitsschädlich. Schon der erste Grund, keine Fast Fashion mehr zu kaufen. ;)

1. Secondhand-Shopping ist nachhaltig.

Wenn du Klamotten »aus zweiter Hand« kaufst, entscheidest du dich bewusst gegen die Fast-Fashion-Industrie. Viele wissen gar nicht, warum das schnelllebige Geschäftsmodell vieler Modeketten so schlecht ist und welche Folgen es für Mensch und Umwelt bedeutet.
Lass es mich kurz zusammenfassen: Niedrige Preise brauchen billige Produktionskosten und Rohstoffe, damit Unternehmen trotzdem noch profitabel sein können. Und zwar sehr billige. Schau gerne mal in ein paar Etiketten deiner Kleidung, wo sie hergestellt wurde und welche Faserzusammensetzung vorliegt. Meist findest du Länder wie Bangladesch, Indien oder China: typische Billiglohnländer, in denen die Produktion sehr günstig ist.
Was gerne verdrängt wird: Die Menschen, die diese Kleidung nähen, leiden extrem. Nicht nur unter viel zu niedrigen Löhnen (ein paar Cent am Tag), es werden auch keine humanen Arbeitsbedingungen gewährleistet. Die günstige Kleidung besteht meist zu einem Großteil aus Plastik, also Polyester, Elasthan etc. Beim Waschen gerät Mikroplastik ins Grundwasser und in die Meere. Fische nehmen es durch ihre Nahrung wieder auf, und so landet das Plastik schließlich sozusagen bei uns Menschen auf dem Teller. Zudem werden die Stoffe mit unfassbar giftigen Mitteln gefärbt.
Überleg dir also jedes Mal, bevor du ein Fast-Fashion-Teil holst, ob es das wirklich wert ist oder ob du nicht lieber bei einem Secondhand-Laden vorbeischaust. ;)

2. Es sind alles Einzelstücke, die (fast) kein anderer besitzt.

Klar ist: Secondhand-Läden sind wie eine Schatztruhe. Man findet dort neben einigen unbrauchbaren Sachen immer auch ein paar Schmuckstücke. Und die hat garantiert niemand anderes in eurem Umfeld! Die Wahrscheinlichkeit, dort ein ausgefallenes Kleidungsstück zu finden, ist viel höher als in jedem Fast-Fashion-Store, denn große Brands sind oft sehr darauf bedacht, die Masse anzusprechen. Und die steht halt eher auf Basic Pieces. Für den echten Vintage-Style solltest du deswegen unbedingt thriften gehen!
Ich würde es generell begrüßen, wenn wir alle mal etwas individueller rumlaufen würden und einfach wirklich das tragen, was wir wollen, ohne Angst haben zu müssen, von anderen gejudgt zu werden. Und das Beste an außergewöhnlichen Pieces: Sie haben immer das Potenzial, durch ein bisschen Upcycling zu absoluten Hinguckern zu werden! Falls du also auch Bock auf einen einzigartigen Style hast, geh thriften!

3. Das Preis-Leistungs-Verhältnis stimmt.

Nachhaltige und qualitativ hochwertige Mode ist oft ziemlich teuer. Das ist auch vollkommen legitim, denn für eine Produktion mit humanen Arbeitsbedingungen und fairem Arbeitslohn reichen leider keine 80 Ct pro Tag. Wenn du selbst mal versuchst, ein Kleidungsstück zu entwerfen, wirst du schnell merken, wie viel Arbeit eigentlich dahintersteckt. Dann kannst du den Kaufpreis auch leichter nachvollziehen.

4. Alte Sachen haben oft viel bessere Qualität.

Da Klamotten heutzutage ja wie am Fließband produziert werden, und dabei vor allem darauf geachtet wird, günstig zu produzieren, hat unsere Mode leider über die Jahre an Qualität verloren. Vor dreißig Jahren wurde Kleidung noch ganz anders hergestellt.
Geh einfach mal in einen Secondhand-Laden, fass die Stoffe an, achte auf Nähte und vergleich das dann mal mit Teilen aus neueren Kollektionen. Damals wurden viel mehr Baumwollfasern für Stoffe verwendet, und Kleidung war noch primär darauf ausgelegt, möglichst lange zu halten. Bock auf qualitativ hochwertige Mode? Go for second hand shopping!

5. Das Erfolgserlebnis, wenn man ein kuhles Teil findet, ist unschlagbar!

Das wirklich absolut beste Gefühl auf der ganzen Welt ist der Moment, in dem man mit seinem neu genähten Kleidungsstück vor dem Spiegel steht und realisiert, dass man das gerade mit seinen eigenen Händen geschaffen hat (oft realisiert man's auch nicht, haha). Aber nach der ganzen Arbeit und den Strapazen, die man dafür auf sich genommen hat, hat es sich am Ende gelohnt, und du kannst einfach superstolz auf dich sein. <3

OUTFIT

Planner

Tomorrow's Outfit

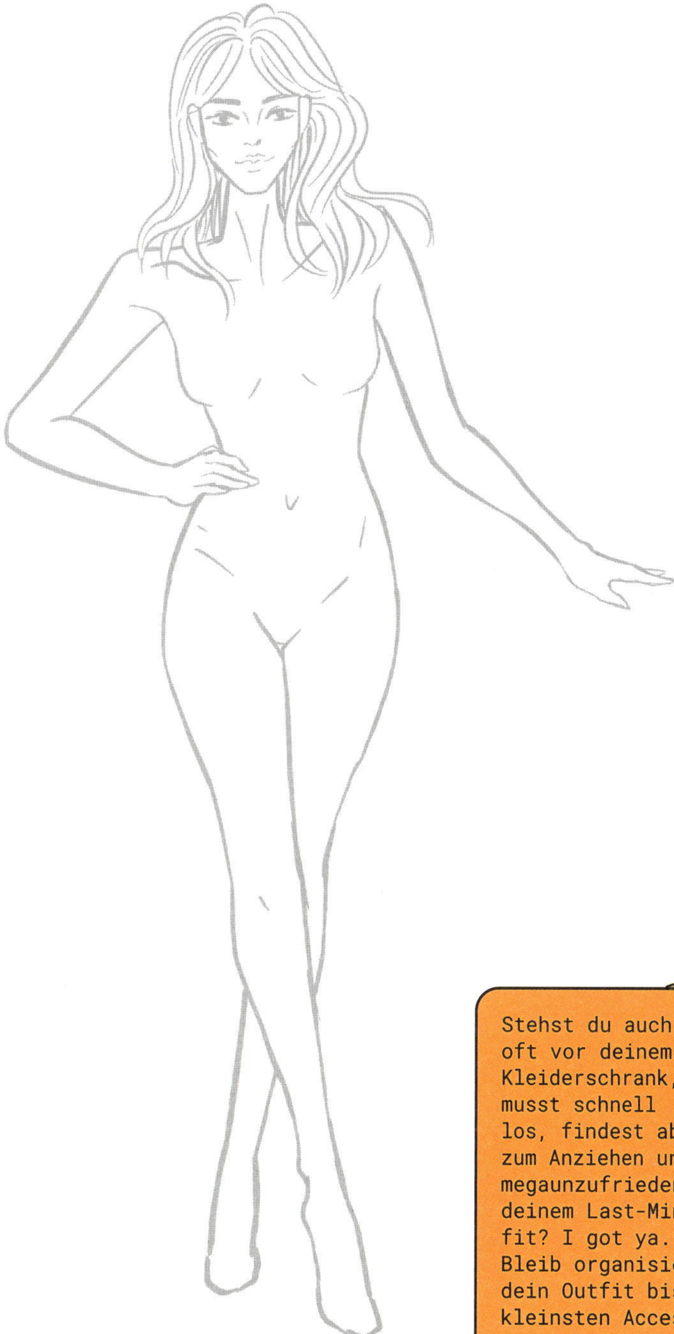

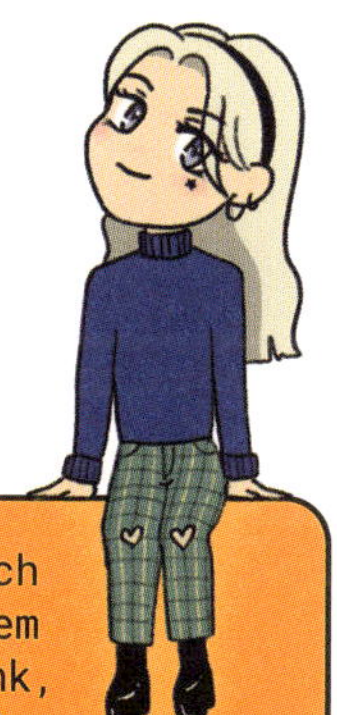

Stehst du auch oft vor deinem Kleiderschrank, musst schnell los, findest aber nichts zum Anziehen und bist megaunzufrieden mit deinem Last-Minute-Outfit? I got ya.
Bleib organisiert, plane dein Outfit bis zu den kleinsten Accessoires and be that queen. <3

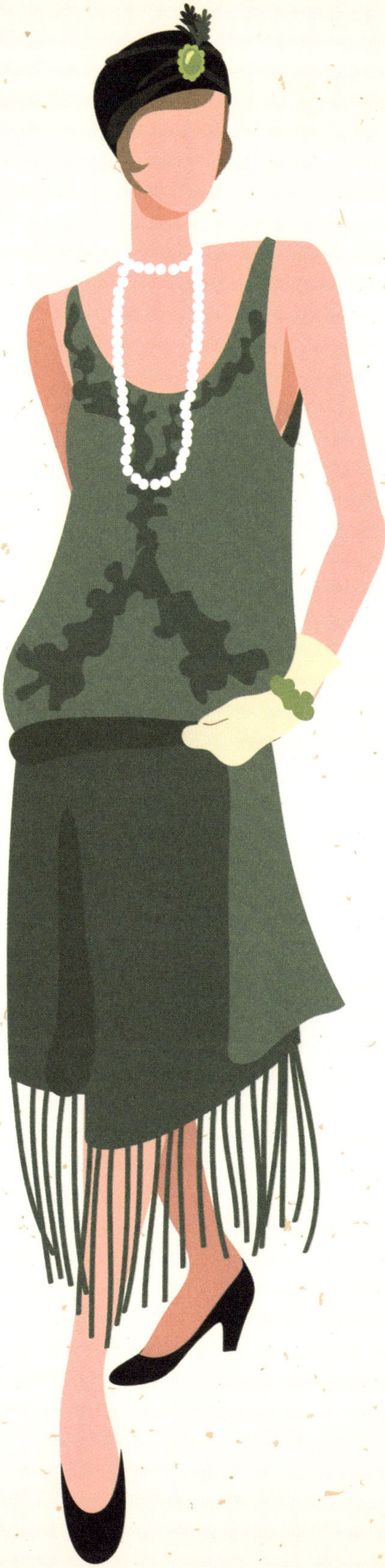

The 1920s

Mode in den 1920er Jahren: Style-Check

Ein Kleidungsstück, das man mit der Mode der 1920er Jahre besonders in Verbindung bringt, ist das kniekurze und taillenlose Charleston-Kleid. Überhaupt glitzerten und funkelten die Outfits. Plüschige Federboas, Fransen und extravagant verzierte Stirnbänder bildeten die neu eingekehrte Lebensfreude ab, denn in den Looks der »Roaring Twenties« wollte man die Kriegsjahre beim Tanzen und Vergnügen vergessen. Das »kleine Schwarze« (ein elegantes schwarzes Kleid), bis zu den Knien reichende Röcke oder Blusenkleider hatten einen geraden Schnitt und einen lockeren Fit. Angesagt war der androgyne Style, der einfache Schnitte bevorzugte und viel Bewegungsfreiheit zuließ.

Bei besonders schicken Anlässen trugen Männer in den 1920er Jahren gerne den sogenannten Stresemann-Anzug, bestehend aus schwarzer Jacke, dunkler Weste, gestreifter Hose und Hut. Alternativ wurde die festliche Herrenmode durch den Frack oder den legereren Smoking bestimmt, im Alltag trugen die Männer Sakko und Hose mit Bügelfalten oder kurze Knickerbocker und Trenchcoat. Say goodbye to Hosenträgern und Taschenuhren, angesagt waren Gürtel und Armbanduhren.

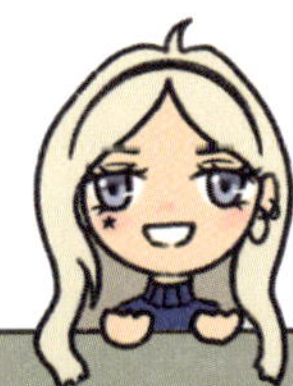

Reminder: Vor hundert Jahren gab es noch eine klassischere Zuschreibung von Damen- und Herrenmode. Heute sind Anzug-Looks bei allen Geschlechtern ein Vibe: Ich habe schon so viele starke Looks mit oversized Blazern, oben ohne etwas drunter, gesehen. I love it!

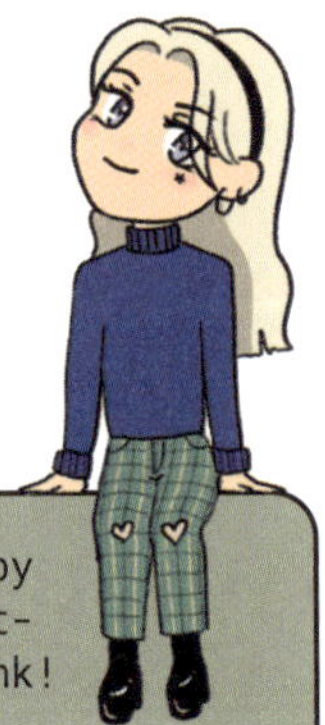

Das »kleine Schwarze« ist by the way immer noch ein Must-have in jedem Kleiderschrank! Supereasy zu stylen, zum Beispiel für ein Dinner-Date, und man sieht trotzdem stilvoll gekleidet aus. ;)

Inspired by the 1920s

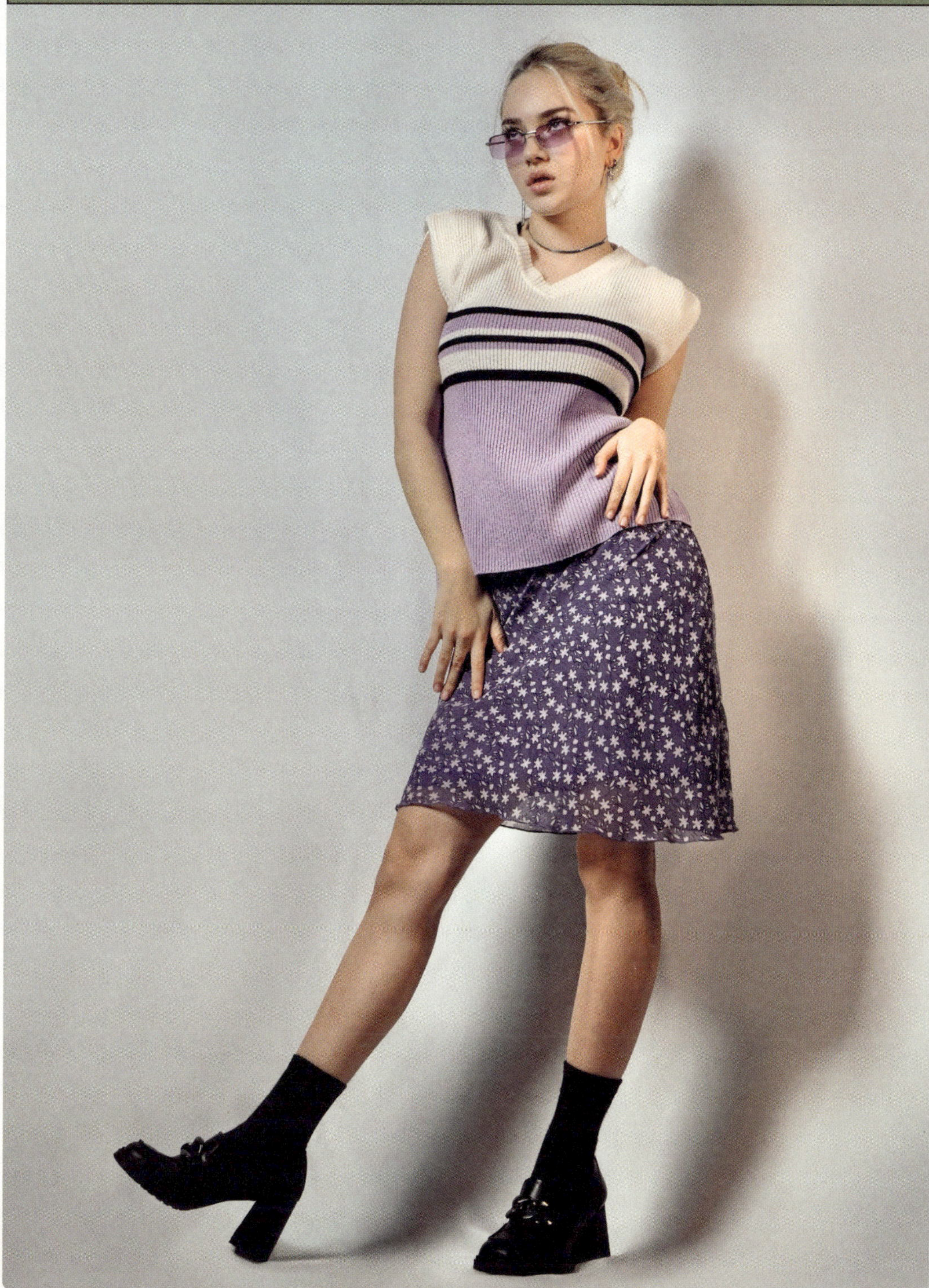

Fashion-Moodboard

Deine modische Collage im 1920s Style

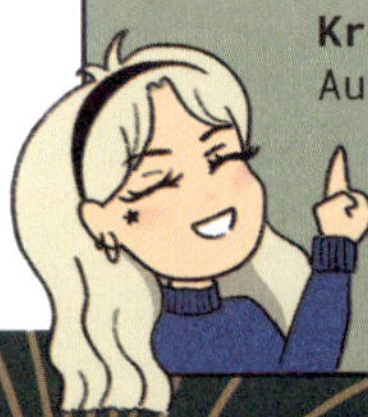

Kreiere ein Stimmungsbild!
Ausgedruckte Bilder und Fotos, Zeichnungen auf Klebezetteln, Textilien, Perlen und andere flache Dinge, die sich zum Aufkleben eignen: Hier ist Platz für alles, was in deinen Augen zur 1920er Fashion passt.

Design-Challenge

Designe ein funkelndes Outfit im Stil der 1920er Jahre, das man nicht nur bei einem Tanzabend, sondern auch heute auf einer Daily Basis tragen könnte.

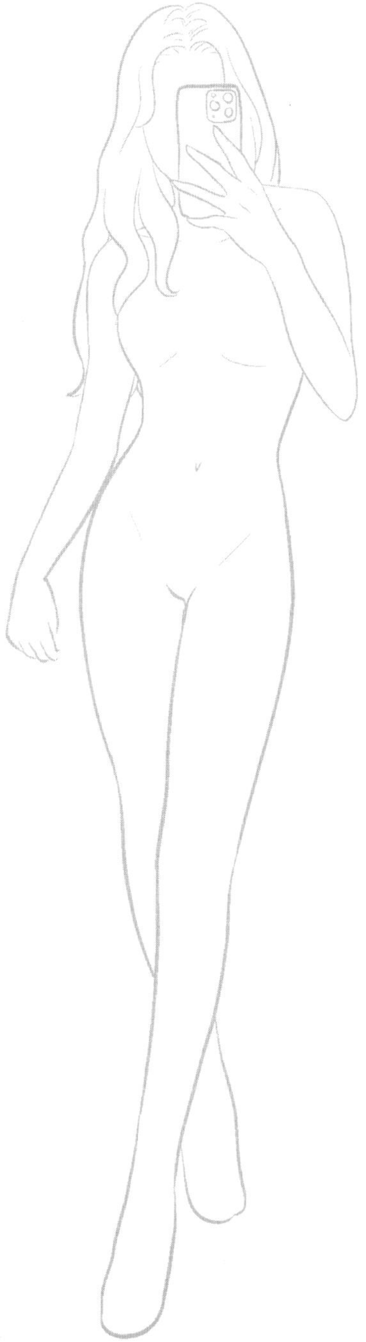

Reflexion

Hier hast du die Möglichkeit, über die Mode-Ära der 1920er Jahre sowie über deine Design-Challenge zu reflektieren. Welchen Style hast du für dich entdeckt, und was sagt das über dich aus? Schreib auf, was dir gefällt und was nicht.

Foto-Challenge

Stell ein schickes Ausgeh-Outfit im Stil der 1920er Jahre zusammen. Bediene dich dafür an dem Stuff, der schon in deinem Kleiderschrank hängt. Oder du machst einen kleinen Trip in 'nen local Thrift-Store.
Hier ist Platz für ein Erinnerungsfoto:

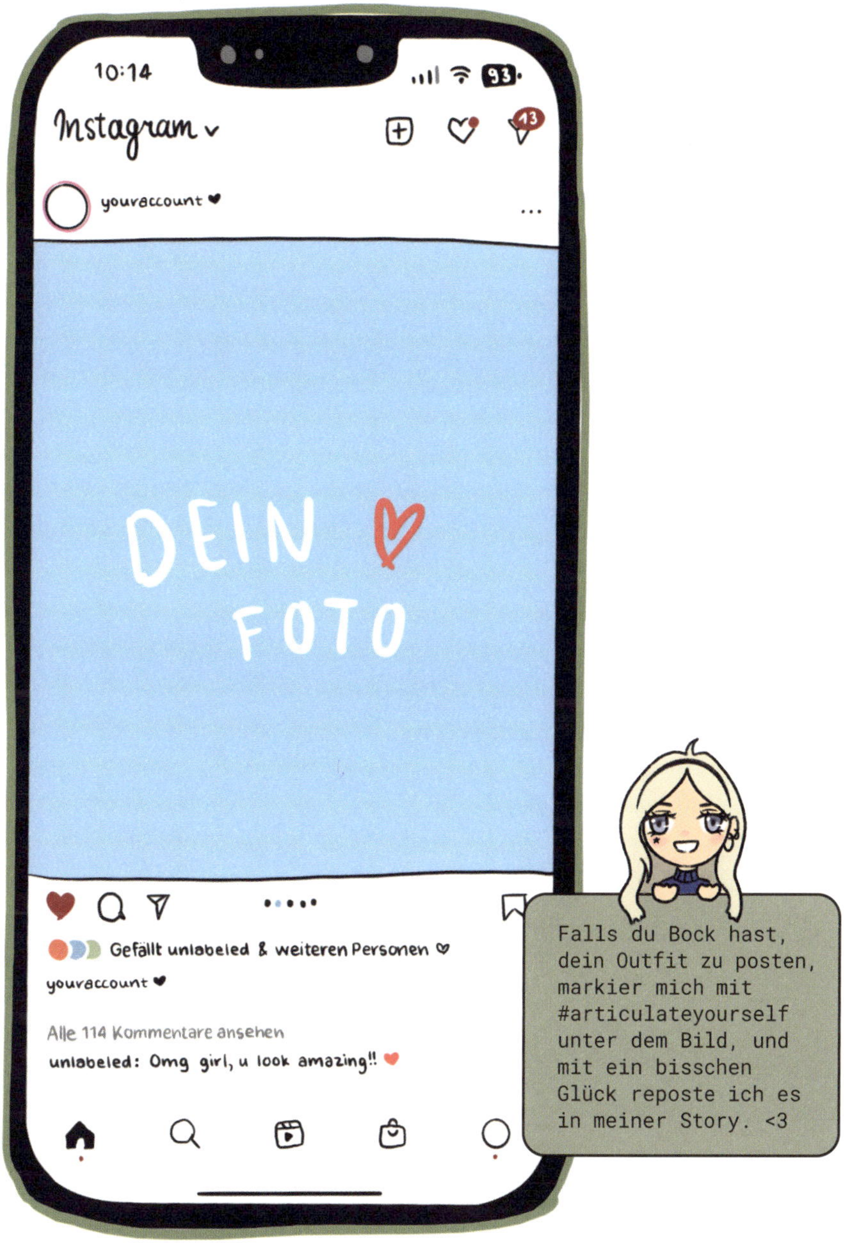

Paulas SOS-Styling-Tipps

AKA, WENN DU NICHT WEIẞT, WAS DU MORGENS ANZIEHEN SOLLST

Freunde, wir alle kennen den Struggle. 7 Uhr, noch genau fünfzehn Minuten Zeit, bis wir losmüssen, und man steht einfach nur ratlos vor seinem Kleiderschrank. (Innerlich kurz davor, einfach nackt zu gehen.)
Je nachdem, wie viel Zeit du übrig hast, ist hier dein SOS-Plan:

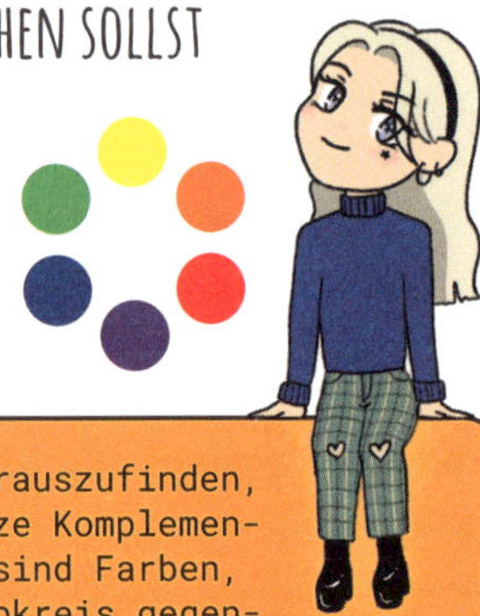

Um schneller herauszufinden, was matcht, nutze Komplementärfarben. Das sind Farben, die sich im Farbkreis gegenüberstehen, zum Beispiel rot und grün, gelb und violett sowie blau und orange.

Unter 3 Minuten: All-black-Outfit

Reiß' alles Schwarze aus deinem Schrank an dich. Hoodie oder Shirt, Hose, Jacke, Schuhe und Tasche nicht vergessen!

5 Minuten: One-Color-Fit

Statt nur schwarz zu wählen, kannst du etwas experimenteller werden und dich für eine bunte Farbe in deinem Look entscheiden. Muster-Prints werten den Fit auch nochmal optisch auf. ;)

7 Minuten: One-Color-Fit mit einem Hingucker-Piece

Für den besonderen Drip kannst du ein Teil auswählen, das eine andere Farbe als die anderen Kleidungsstücke hat. Beispiel: All-black-Outfit, aber mit roter Hose.

10 Minuten: One-Color-Fit mit Hingucker-Piece und passendem Accessoire.

Um deinen Fit noch etwas mehr aufzuspicen, kannst du neben dem Eyecatcher-Piece zum Beispiel eine farblich passende Tasche hinzufügen. Sonst versuch' es doch mal mit etwas davon: Mütze, Cap, Hut, Haarband, Scrunchie, Gürtel, Handschuhe, Stulpen und, und, und ...

15 Minuten: One-Color-Fit mit Hingucker-Piece, passendem Accessoire, Schmuck und Hair-Style

Schmuck und Haare machen einen riesigen Styling-Unterschied! Such' dir einfach noch schnell ein Paar schöne Creolen, eine schlichte Kette und ein bis zwei Ringe raus. Zum Schluss rundest du den Look zum Beispiel noch mit einem sleek Ponytail ab (auch perfekt für fettige Haare, wenn keine Zeit mehr zum Duschen bleibt).

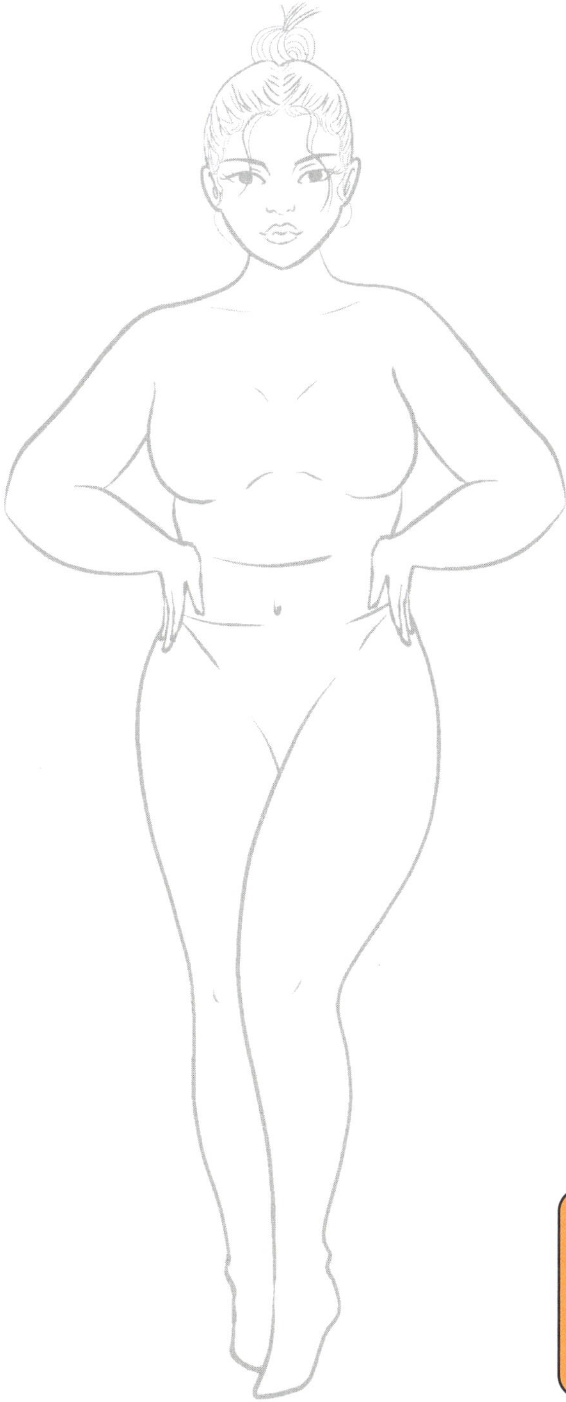

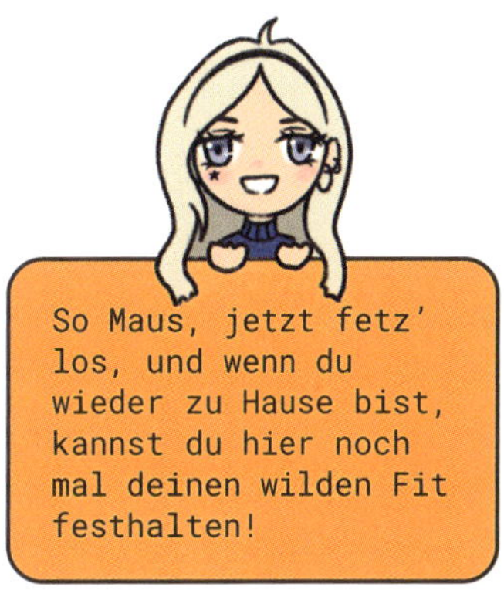
So Maus, jetzt fetz' los, und wenn du wieder zu Hause bist, kannst du hier noch mal deinen wilden Fit festhalten!

OUTFIT

Planner

Tomorrow's Outfit

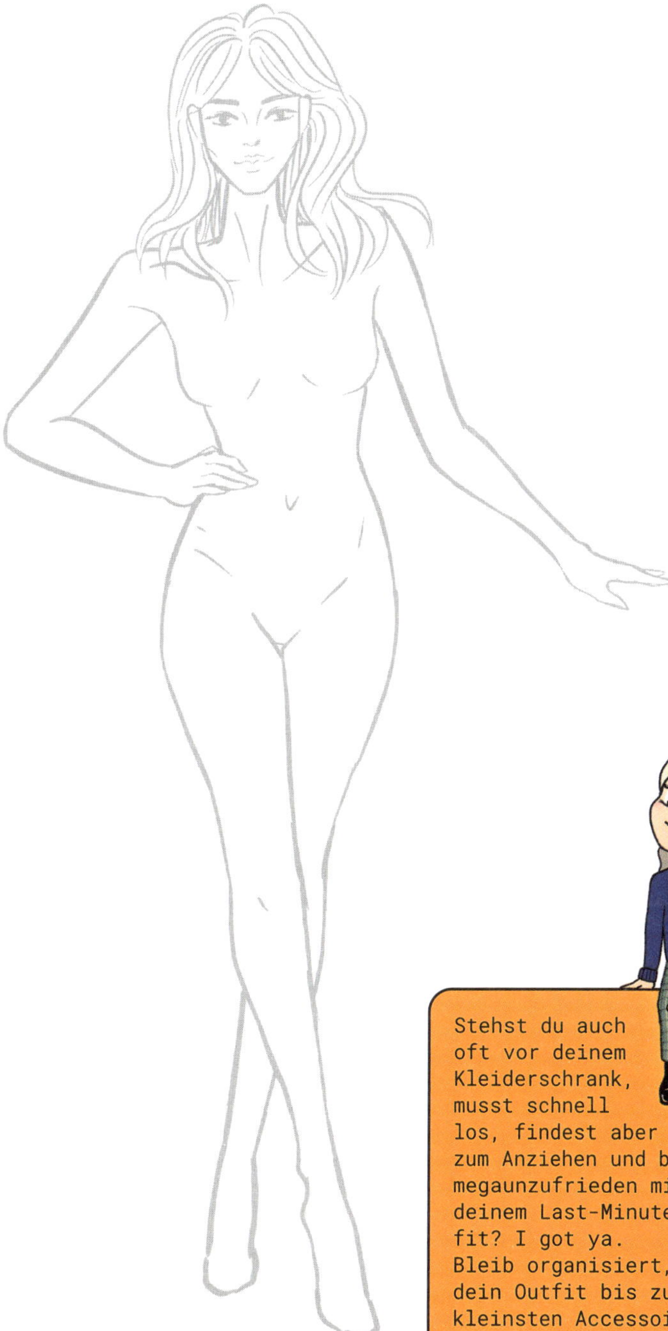

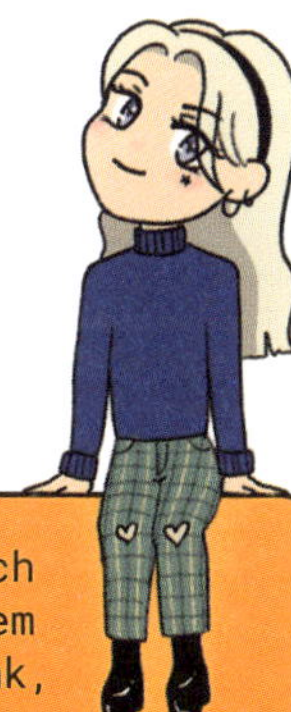

Stehst du auch oft vor deinem Kleiderschrank, musst schnell los, findest aber nichts zum Anziehen und bist megaunzufrieden mit deinem Last-Minute-Outfit? I got ya.
Bleib organisiert, plane dein Outfit bis zu den kleinsten Accessoires and be that queen. <3

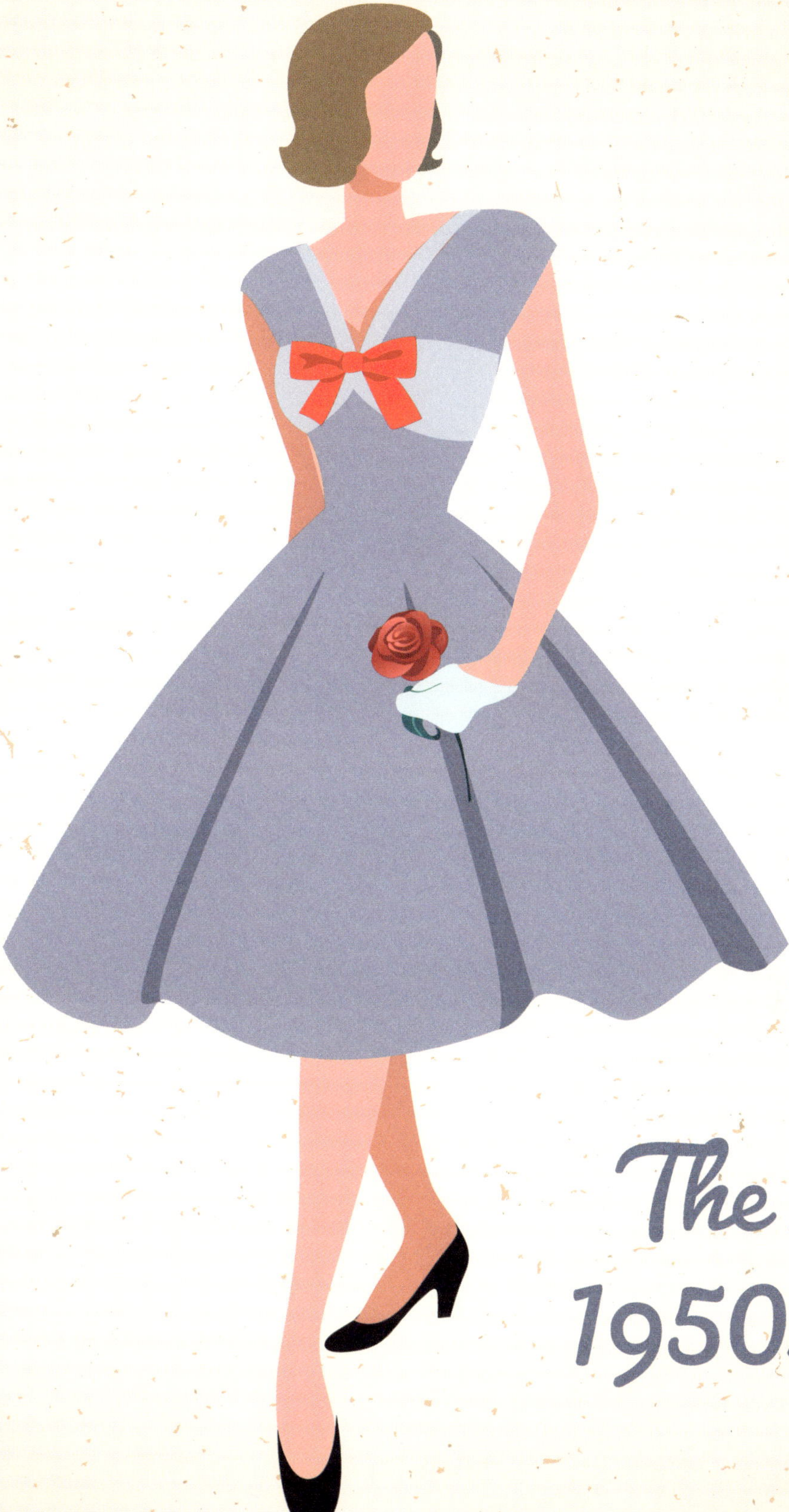

The 1950s

Mode in den 1950er Jahren: Style-Check

Exklusive Outfits, luxuriöse Materialien und Looks von Designern wie Coco Chanel, Christian Dior oder Yves Saint Laurent: Die gehobene Schneiderkunst, auch bekannt unter dem französischem Begriff »Haute Couture«, wurde in den 1950er Jahren immer bedeutender.
Hosen sah man in den 1950er Jahren eher selten, angesagt waren vor allem Röcke und Kleider. Egal ob ein eng sitzender Bleistiftrock oder ein taillenbetonender Petticoat, die Schnitte waren kurz, ohne an Eleganz zu verlieren. Knapp geschnittene Blusen setzten Hüfte und Oberweite in Szene. Es galt, eine möglichst »weibliche« Kontur, die sogenannte Wespentaille, zu zaubern. Modeikonen wie Grace Kelly inspirierten Tausende von Frauen dazu, ihren anmutigen Stil, bestehend aus Twinset (zweiteiliges Set aus Strickpullover und passendem Jäckchen), Perlenkette und Handschuhen, nachzuahmen.

Der Designer Christian Dior setzte schließlich mit seinem »New Look« einen neuen Trend: Weit ausgestellte Röcke, die bis zu den Waden reichten, und an der Taille gekräuselte Oberteile (Schößchen) sind nun angesagt. Das auffällige Revers, also der Aufschlag vorne am Ausschnitt, rundet den extravaganten Look der 1950er Jahre ab. Noch feiner wurde der Look mit Hut und Schuhen mit Pfennigabsätzen.

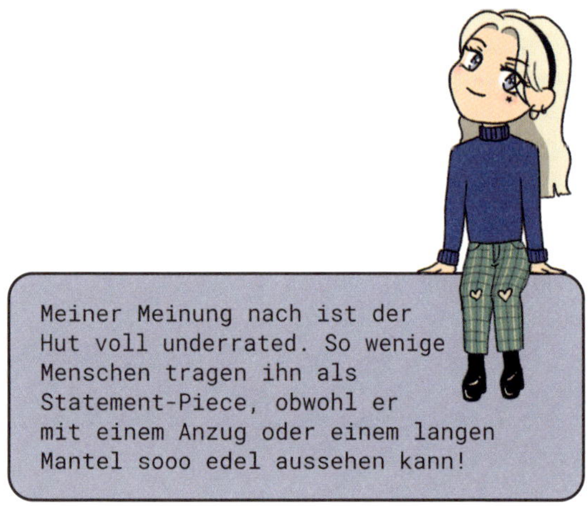

Inspired by the 1950s

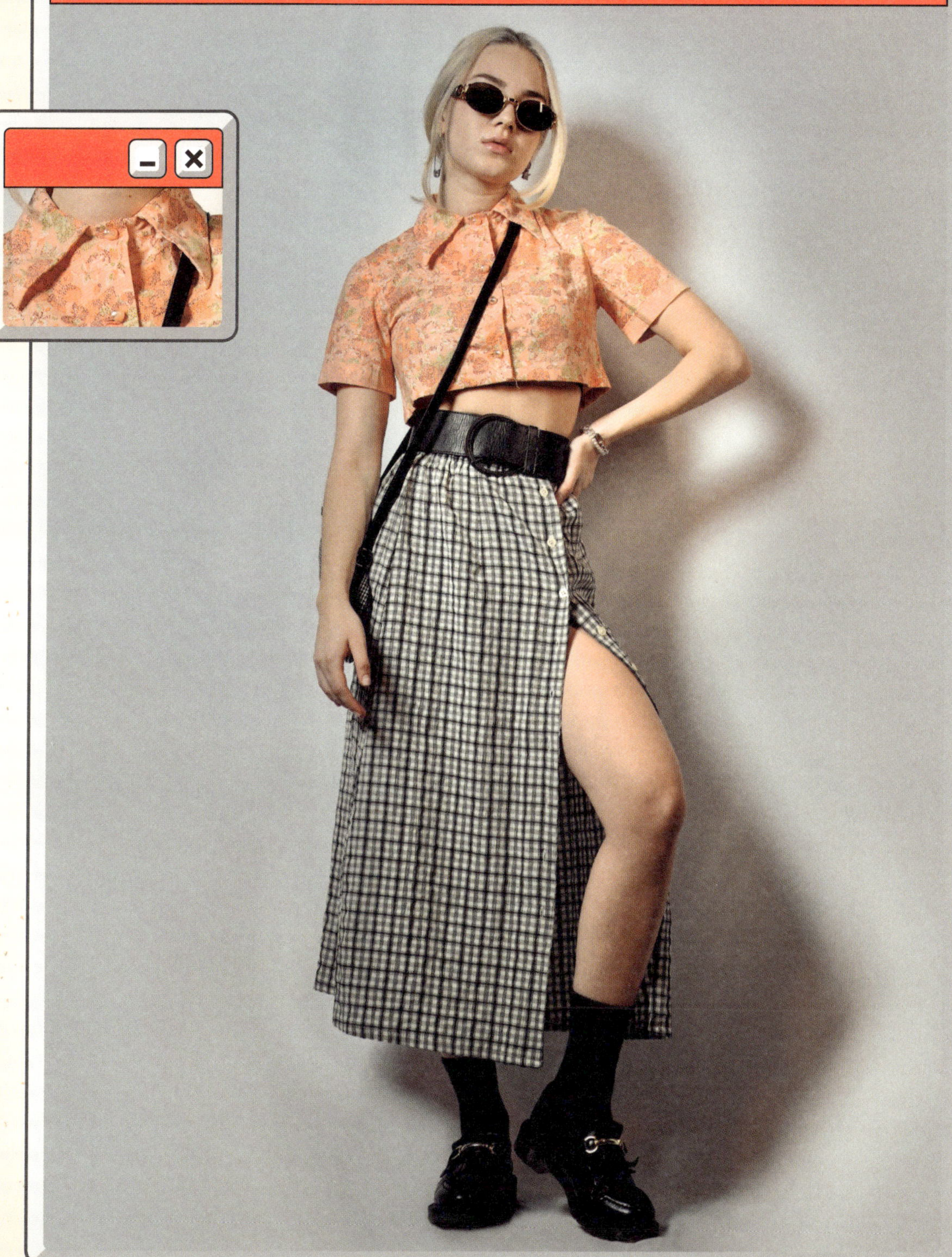

Fashion-Moodboard

DEINE MODISCHE COLLAGE IM 1950S STYLE

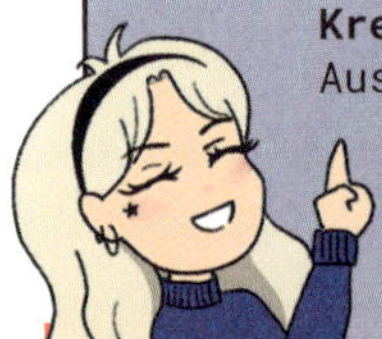

Kreiere ein Stimmungsbild!
Ausgedruckte Bilder und Fotos, Zeichnungen auf Klebezetteln, Textilien, Perlen und andere flache Dinge, die sich zum Aufkleben eignen: Hier ist Platz für alles, was in deinen Augen zur 1950er Fashion passt.

Design-Challenge

Du reist siebzig Jahre in die Vergangenheit zurück und befindest dich in einem Klassenzimmer. Designe dein Schul-Outfit im Stil der 1950er Jahre, inklusive Rucksack, Tasche und Hairstyle. <3

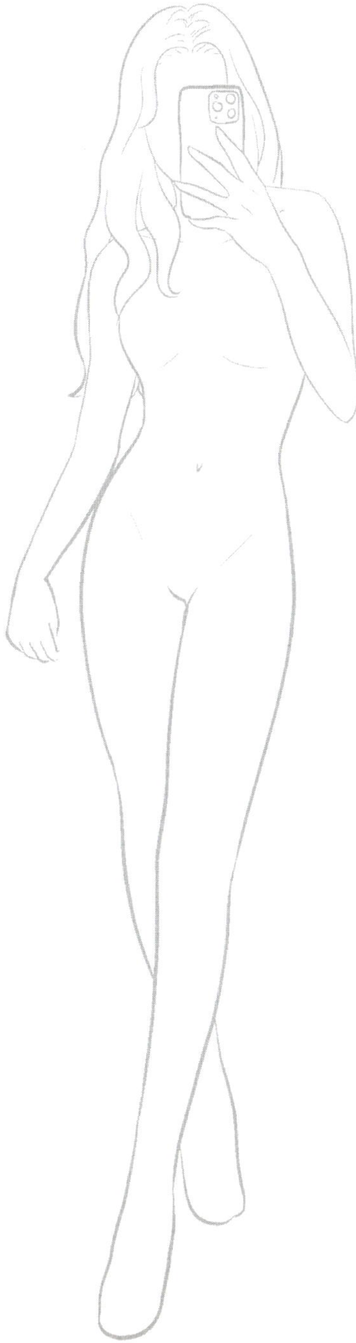

Reflexion

Hier hast du die Möglichkeit, über die Mode-Ära der 1950er Jahre sowie über deine Design-Challenge zu reflektieren. Welchen Style hast du für dich entdeckt, und was sagt das über dich aus? Schreib auf, was dir gefällt und was nicht.

Foto-Challenge

Stell ein Schul-Outfit im Stil der 1950er Jahre zusammen. Bediene dich dafür an dem Stuff, der schon in deinem Kleiderschrank hängt. Oder du machst einen kleinen Trip in ’nen local Thrift-Store.

Hier ist Platz für ein Erinnerungsfoto:

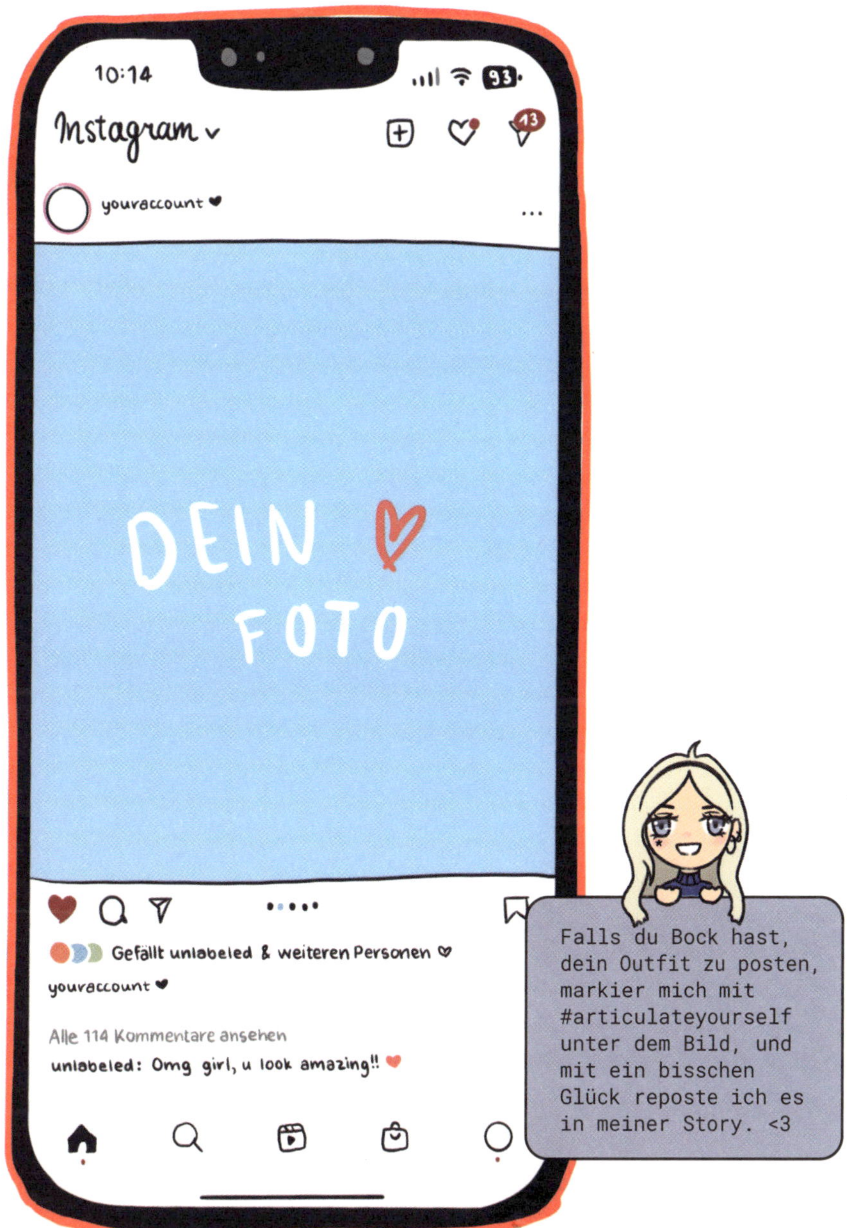

10 Gründe

WARUM ES KUH-L IST, EIGENE KLAMOTTEN ZU NÄHEN

Warum lohnt es sich eigentlich, seine eigenen Klamotten zu nähen? Hier sind zehn unschlagbare Argumente.

1. Du kannst alles nähen, was du willst.

Du siehst ein wunderschönes Kleid auf Social Media, schaust auf der verlinkten Seite nach, und der Preis ist entweder out of this world, oder es ist vergriffen? Näh es doch einfach selbst! Deiner Kreativität und deinen Möglichkeiten sind einfach keine Grenzen gesetzt.

hand made

2. Du hast nie wieder Probleme damit, Sachen in deiner Größe zu finden.

Ich persönlich habe mit sechzehn Jahren absolut nichts Passendes mehr in normalen Bekleidungsgeschäften gefunden, was meinem Style entsprochen und dazu auch noch von der Größe her gepasst hat. Mir war nämlich wirklich alles zu groß. Aber auf die Kinderabteilung hatte ich auch keine Lust mehr. Die Lösung für mein Problem? Selbst nähen! Und ich weiß, dass es vielen unter euch genauso geht, das ist by the way ganz normal! Die meisten Konfektionsgrößen sind leider null auf die individuellen Körpertypen angepasst, und das kann superfrustrierend sein.

3. Dir kann niemand mehr deinen Style nachmachen.

»Woher hast du den Pulli?« – »Hab ich selbst genäht.«
Wir alle kennen die Leute, die sich ein bisschen zu sehr von anderen inspirieren lassen. Aber keine Angst: Keiner kann dir deinen Style 1:1 kopieren, wenn du ihn selbst kreierst! Und vielleicht kannst du diese Menschen sogar zum Nähen inspirieren, und sie finden dadurch ihr eigenes Ding ... ? Das leitet über zum nächsten Punkt:

4. Du kannst deinen persönlichen Style entfalten.

Du möchtest oft ganz bestimmte Kleidungsstücke tragen, zu denen du exakte Vorstellungen hast, aber findest sie einfach nie im Laden? Ich spreche bei diesem Pain aus Erfahrung, hahaha. Wie wär's mit selbst nähen? Ich finde es superwichtig, dass wir alle unseren individuellen Style entwickeln. Durch Social Media kann man sich natürlich super inspirieren lassen, aber auch einfach leicht beeinflussen. Du fühlst dich dann vielleicht schnell dazu gezwungen, in das Muster zu passen, zu tragen, was alle tragen. Aber nur, weil du bestimmte Styles online nicht findest, heißt das auf gar keinen Fall, dass sie unmöglich oder unästhetisch sind! Wie viel schöner und bunter wäre die Welt, wenn wir einfach alle einzigartige Styles hätten und sie gegenseitig appreciaten würden?!

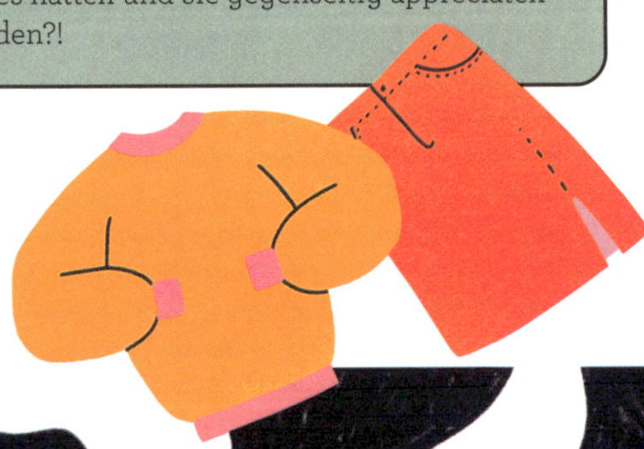

5. Man lernt den Wert von Mode zu schätzen.

Hundert Euro für eine Jacke? Viel zu teuer, denkst du jetzt vielleicht. Aber wenn du das Teil dann wirklich mal versuchst nachzunähen, kannst du schnell feststellen: Nicht mal fünfhundert Euro wären für diesen Arbeitsaufwand genug. Das heißt, für diese 100-Euro-Jacke wurden arme Menschen ordentlich ausgebeutet. Aber wer hat schon jeden Monat so viel Geld für eine Jacke übrig? Zwei Möglichkeiten: weniger kaufen und/oder selbst nähen. ;)

6. Nähen ist ein vielfältiges Hobby.

Nähen oder Designen beinhaltet viele verschiedene Bereiche. Zeichnen/Malen, Mathematik, räumliches Denken, Augenmaß, logisches Denken und Kreativität: All diese Dinge werden unbewusst trainiert. Ob du diese Fähigkeiten schon vorab beherrschst oder bei ein paar Sachen strugglest, spielt dabei keine Rolle. Durch den Spaß, den du an der Sache entwickelst, gehst du viel offener an vielleicht verabscheute Themengebiete wie Mathe oder räumliches Denken heran und trickst deinen inneren Schweinehund aus. Am Ende ist eh alles Übungssache.

7. Selbst genähte Kleidung ist viel günstiger als Fast Fashion.

Stoffe kriegst du auf dem Wochenmarkt, online oder im Stoffladen oft supergünstig. Da du beim Nähen den Arbeitsaufwand übernimmst, zahlst du bei den selbst genähten Kleidungsstücken dann nur noch die Materialkosten. Für alle broken girls and boys da draußen, die trotzdem nicht auf Style verzichten wollen: Fangt an zu nähen!

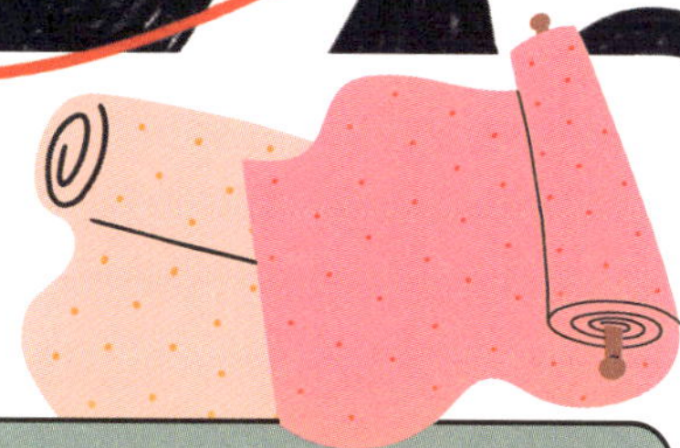

8. Du entdeckst ein potenzielles Studienfeld.

An alle meine Schulmäuse: Habt ihr schon mal dran gedacht, später was mit Design zu machen? Ich weiß, es gibt suuuperviele Vorurteile gegenüber dem Designstudium. Und ich bin ehrlich, um sich in der Modeszene zu etablieren, braucht es harte Arbeit und viel Geduld. Aber es ist nicht unmöglich. Zudem gibt es rund um das Thema Mode so viele weitere Studienfelder: Modemanagement, Kostümdesign, Textildesign, Modemarketing und so vieles mehr. Falls du dich also grundsätzlich für den Bereich Mode interessierst, informier dich auf jeden Fall mal, was du damit machen kannst. ;)

9. Nähen ist Therapie.

Es mag vielleicht komisch klingen, aber wenn's mir schlecht geht, nähe ich. Dadurch, dass ich mich wirklich zu 100% auf meine Arbeit konzentrieren muss, um keinen Fehler zu machen, denke ich dann an nichts anderes mehr. Einfach eine perfekte Ablenkung! Zudem sind die Tätigkeiten an der Nähmaschine und auf dem Skizzenblock auch sehr satisfying, das macht Spaß und das wiederum happy. :)

10. Du kannst stolz sein!

Etwas genäht zu haben, ist wie ein schönes Bild fertigzustellen, mit dem kleinen Zusatz, dass du es selbst tragen kannst, und das Kunstwerk sozusagen von jedem bestaunt werden kann. Alleine das Gefühl, nach drei Tagen Nähen vor dem Spiegel zu stehen und sein neuestes Design zu tragen, ist unbeschreiblich.

OUTFIT

Planner

Tomorrow's Outfit

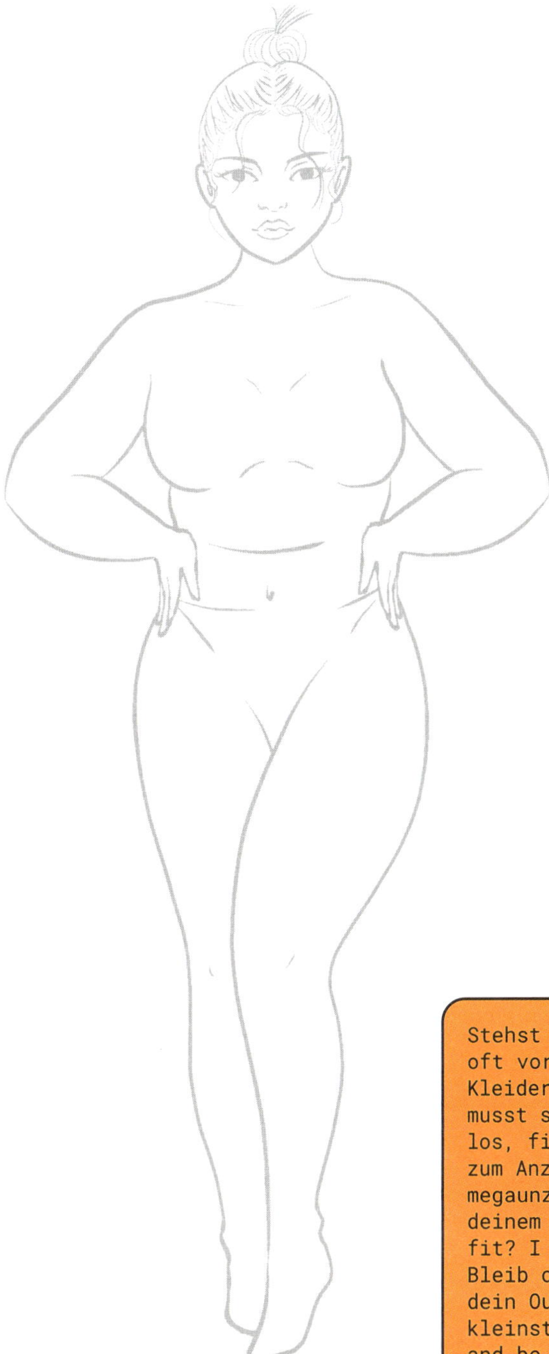

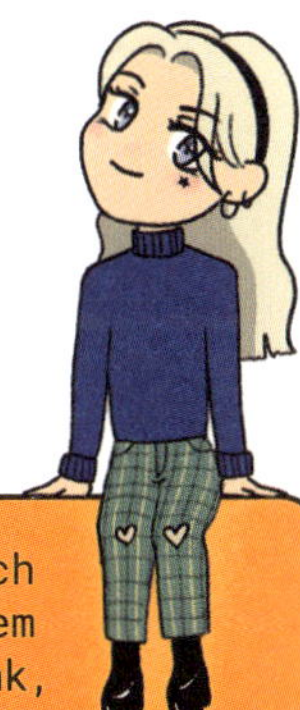

Stehst du auch
oft vor deinem
Kleiderschrank,
musst schnell
los, findest aber nichts
zum Anziehen und bist
megaunzufrieden mit
deinem Last-Minute-Out-
fit? I got ya.
Bleib organisiert, plane
dein Outfit bis zu den
kleinsten Accessoires
and be that queen. <3

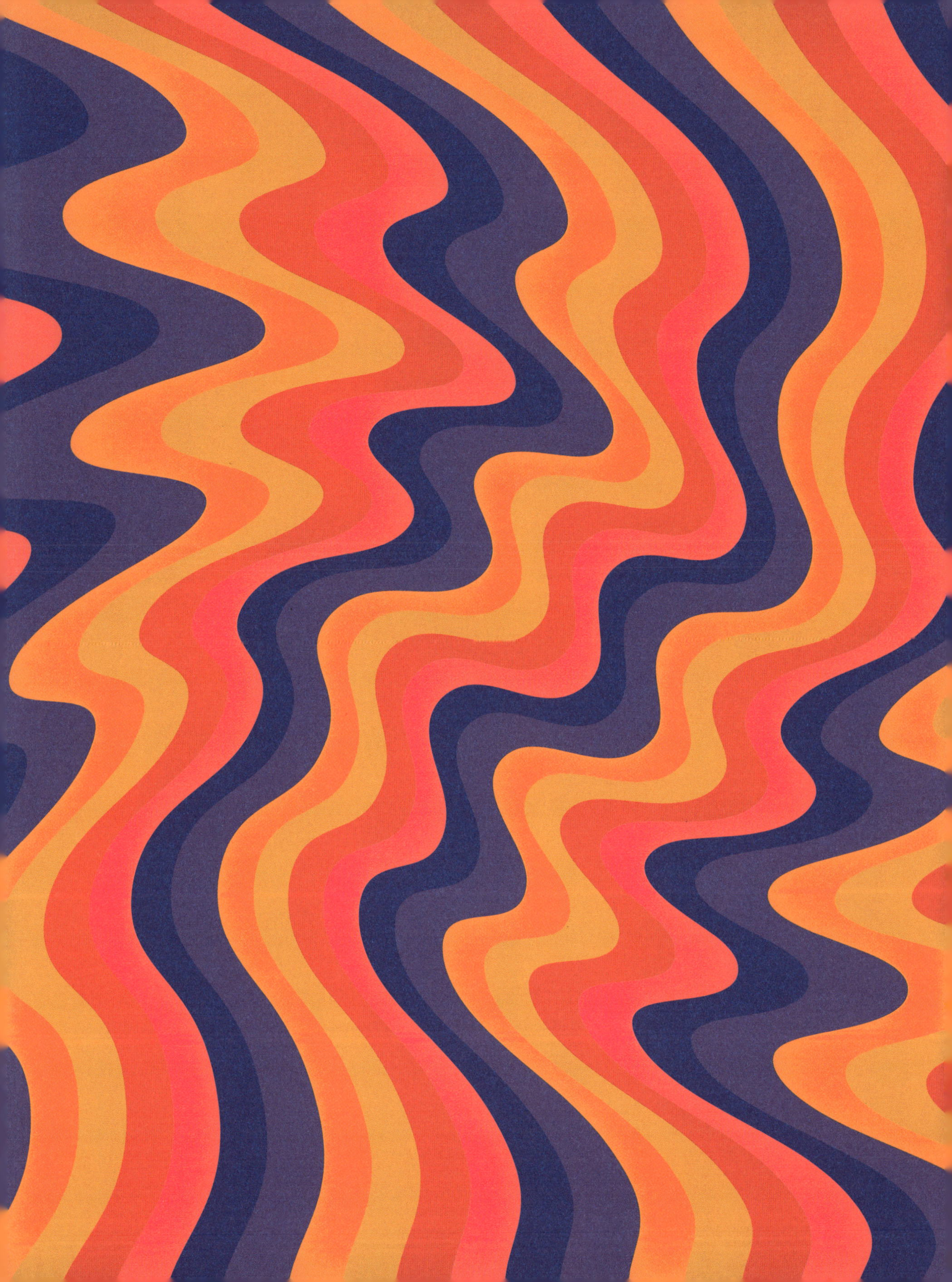

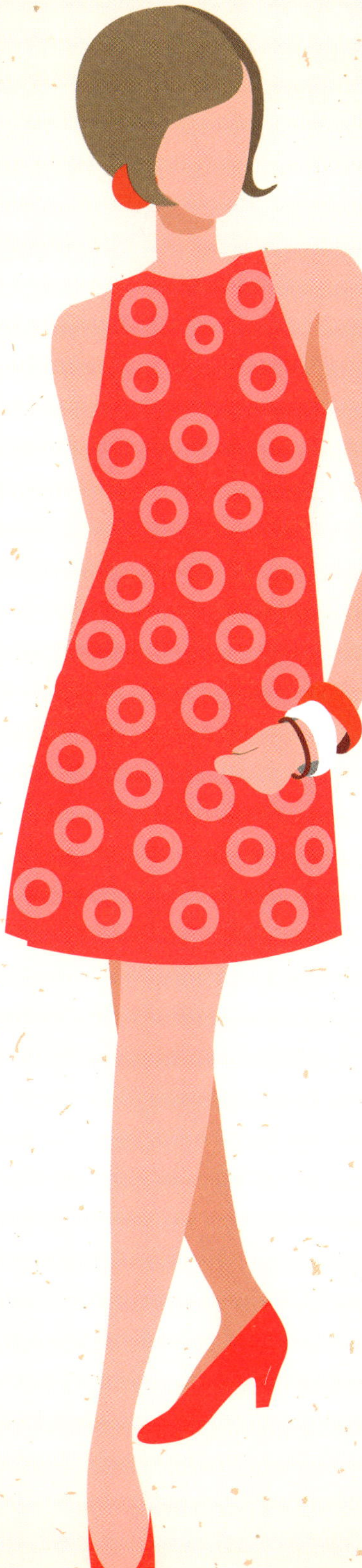

The 1960s

Mode in den 1960er Jahren: Style-Check

Knallige Farben und graphische Muster stehen für die experimentierfreudige Mode in den 1960er Jahren, die von einem Umdenken in der Gesellschaft geprägt waren. Der Befreiungsschlag aus festgefahrenen Konventionen und die Flower-Power-Bewegung bewirken auch einen Wandel in der Mode. Die Jugend setzte neue Trends: Man distanzierte sich vom feminin geprägten Look der 1950er Jahre, beliebt waren Kleider in A-Linien-Form, die einen eher lockeren Fit hatten und gerne mit einem extravaganten oder hochgeschlossenen Kragen geschmückt wurden.

Ich liebe knallige Farben und auffällige Muster! Ich würde mir so sehr wünschen, dass sich auch heute mehr Menschen trauen würden, diese mit Confidence zu tragen.

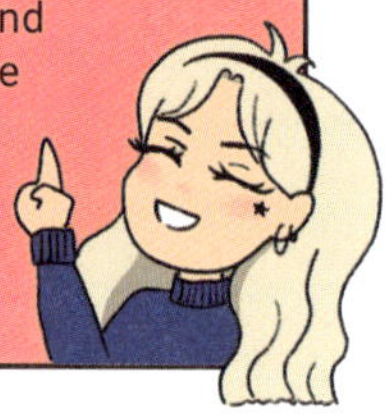

Im Vergleich zum vorangegangenen Modejahrzehnt legten Stil-Ikonen Wert darauf, sich individuell und auffällig zu kleiden anstatt angepasst. Dazu passen Karotten- sowie Schlaghosen genauso gut wie die typischen trapezförmigen Kleider. Ein absolutes It-Piece war der knapp geschnittene Minirock – eine Neuschöpfung, die nicht nur für Aufregung sorgte, sondern vor allem die Beine besonders gut zur Geltung brachte. Übergroße Ohrringe, Haarbänder und breite Gürtel gehörten zu den absoluten Must-have-Accessoires.

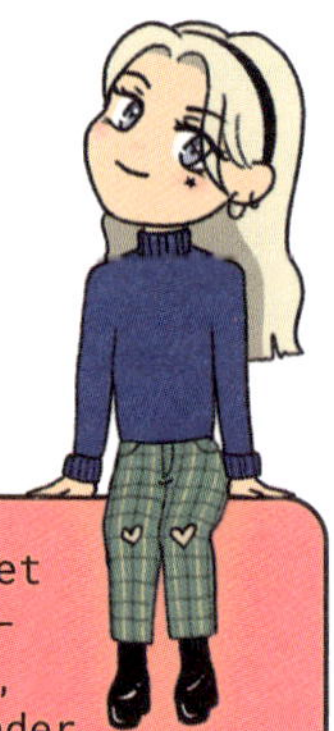

I looove the 60s! Man findet dazu so viel in Secondhand-Läden: vor allem Miniröcke, riesige Creolen und Haarbänder.

Inspired by the 1960s

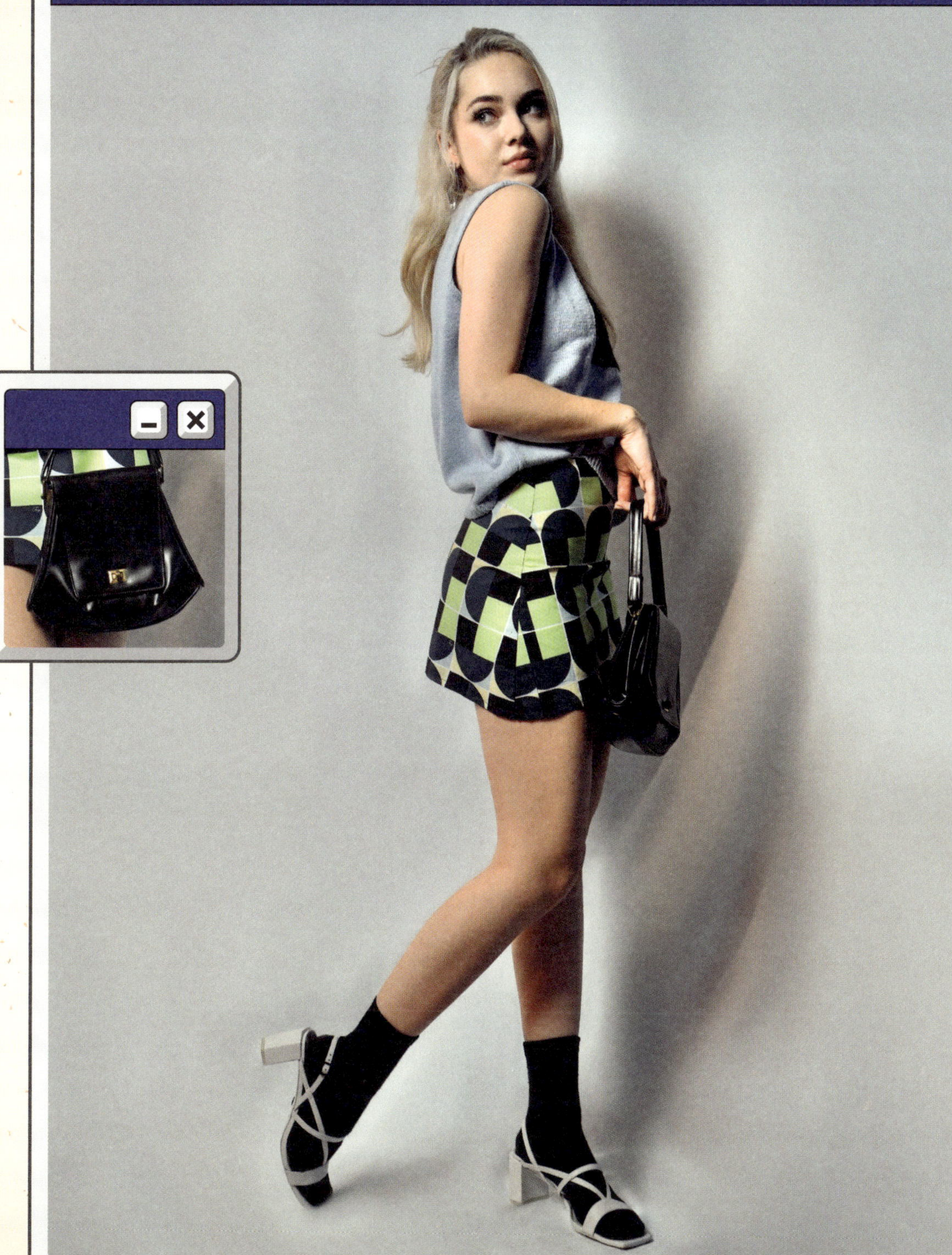

Fashion-Moodboard

DEINE MODISCHE COLLAGE IM 1960S STYLE

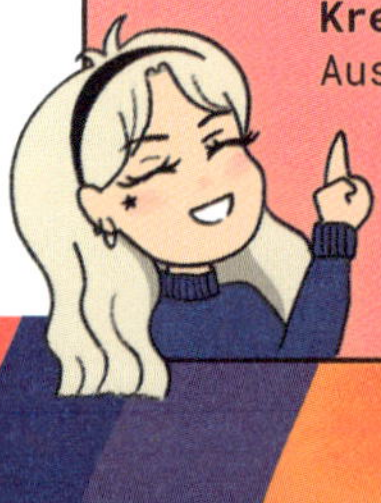

Kreiere ein Stimmungsbild!
Ausgedruckte Bilder und Fotos, Zeichnungen auf Klebezetteln, Textilien, Perlen und andere flache Dinge, die sich zum Aufkleben eignen: Hier ist Platz für alles, was in deinen Augen zur 1960er Fashion passt.

Design-Challenge

Du hast ein Picknick-Date und brauchst ein sweetes Outfit. Lass dich vom Stil der 1960er Jahre inspirieren und designe einen passenden Fit!

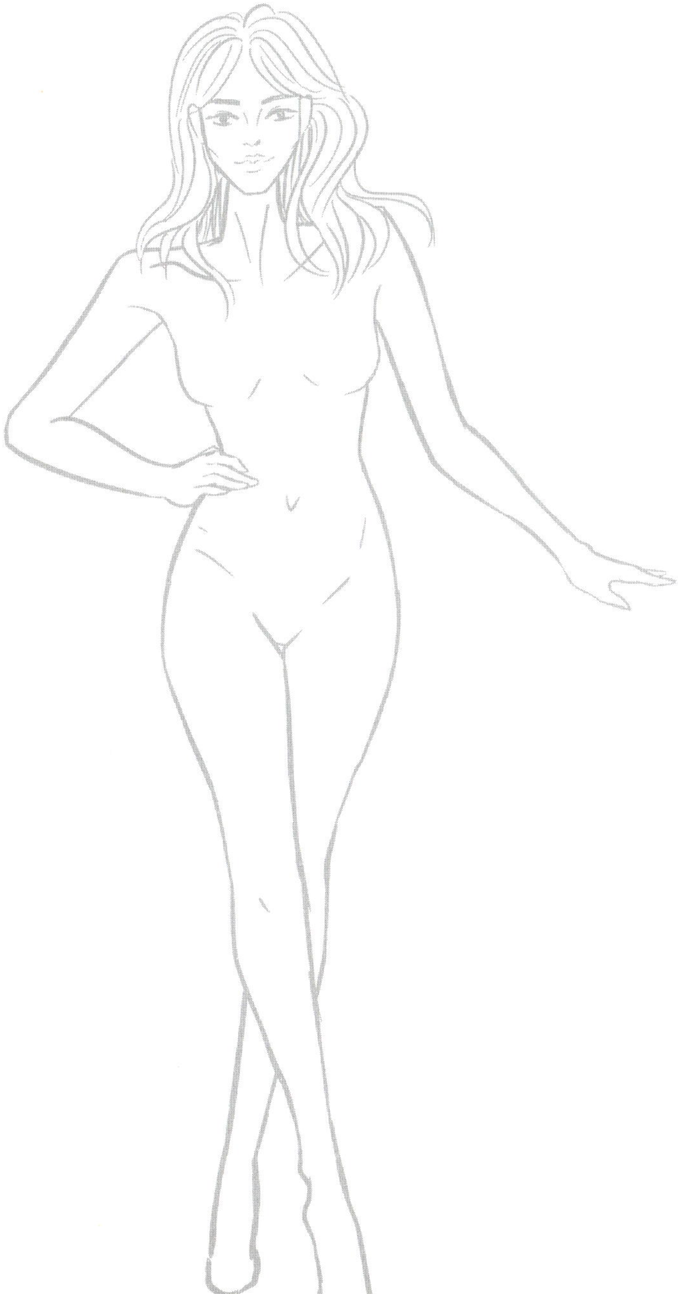

Reflexion

Hier hast du die Möglichkeit, über die Mode-Ära der 1960er Jahre sowie über deine Design-Challenge zu reflektieren. Welchen Style hast du für dich entdeckt, und was sagt das über dich aus? Schreib auf, was dir gefällt und was nicht.

Foto-Challenge

Stell ein cutes Picknick-Outfit im Stil der 1960er Jahre zusammen. Bediene dich dafür an dem Stuff, der schon in deinem Kleiderschrank hängt. Oder du machst einen kleinen Trip in 'nen local Thrift-Store.
Hier ist Platz für ein Erinnerungsfoto:

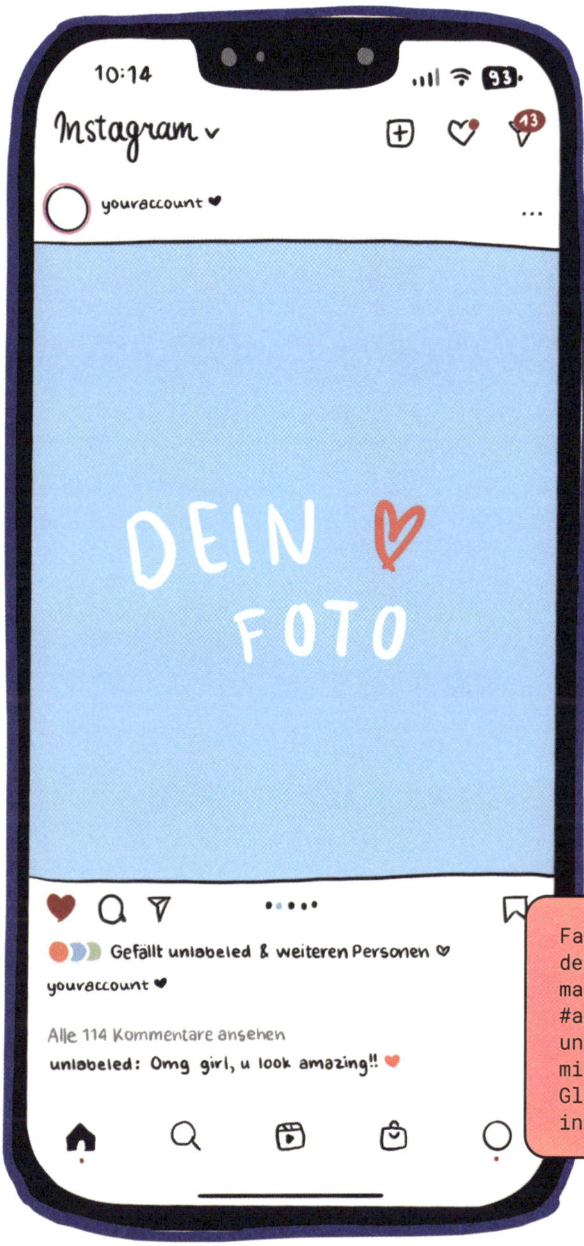

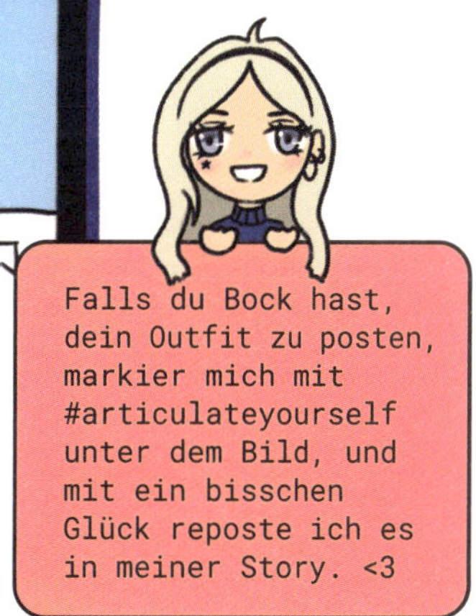

Q&A

Paula über ihre größte Obsession

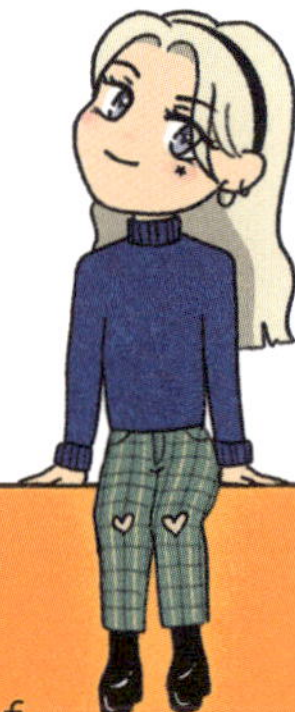

Hast du eine Schneiderausbildung?

Nein, leider nicht. (Falls ich in Zukunft noch dazu kommen sollte, würde ich das für die Skills aber auf jeden Fall noch machen wollen!) Meine Mutter hat mir damals ihre Nähmaschine geliehen, und ich habe einfach selbst rumprobiert. Ich habe mir früher aber sehr, sehr viele Näh-Tutorials auf Youtube angesehen, von denen ich mir einiges abschauen konnte. Dann habe ich die Stoffteile einfach so zusammengenäht, wie es für mich Sinn ergeben hat.

Ist Social Media dein Job?

Ja und nein. Ja, ich verdiene damit momentan meinen Lebensunterhalt. Das ist wirklich nicht selbstverständlich, und ich bin extrem dankbar dafür, aber ich sehe es lieber als Full-Time-Hobby. Andere machen nach dem Abi ein FSJ oder ein Jahr Pause, und ich mache halt Social Media. Dass ich davon meine Miete bezahlen kann, ist ein großes Privileg, doch der Spaß steht dabei immer noch über allem.

Wofür steht dein Benutzername?

Auf diese Frage habe ich mich am meisten gefreut. Kurze Backstory zu dem Namen: 12 Uhr nachts, 2020, irgendwann im Lockdown, ich hatte die grandiose Idee, aus Langeweile mit Social Media anzufangen. Für meine Accounts brauchte ich einen Benutzernamen, also habe ich mit meiner besten Freundin telefoniert, die mich schlussendlich auch auf den Namen gebracht hat. Ich wollte etwas, das für Upcycling steht, aber nicht direkt zu erkennen ist. Unlabeled war perfekt, weil ich den Klamotten durch das Umnähen sozusagen ihr Label »wegnehme«, und das Teil von da an »unlabeled« ist.

Welcher Modetrend ist den Hype wert?

Meiner Meinung nach ganz klar Baggy Jeans. Die Dinger sind ultrabequem und geben jedem Outfit ’nen 2000er Vintage-Look. Außerdem perfekt für Tage, an denen man keinen Bock auf körperbetonte Klamotten hat.

Dein Vorbild beim Nähen?/Dein Lieblingsdesigner?

Eine Person, die mich superkrass inspiriert, ist auf jeden Fall Micarah Tewers (Youtuberin). Ich habe noch nie gesehen, wie ein Mensch in so kurzer Zeit so eine krasse Arbeit leistet. Und irgendwann hat mein Ego gesagt: »Ich kann das auch.« Aber ich habe immer noch so, so viel Respekt vor ihren Werken und Videos, einfach eine superstarke Frau!

Welcher Modetrend ist den Hype nicht wert?

Oh Gott, da fällt mir so einiges ein. Ich erinnere mich gerade wieder an die 2016-Ära, wo viele Girls (auch ich …) zerrissene Skinny Jeans mit schwarzen Netzstrumpfhosen darunter getragen haben und dann am besten noch schwarze Vans dazu. Einfach biiiig, big NO! 2022 gab's eigentlich echt wenige Trends, die ich overrated fand, außer einer Sache: weiße Nike Air Force. People, wir tragen die Dinger seit guten drei Jahren. Get over it, thank you!

Dein Lieblingsschnitt und warum?

Mein Lieblingsschnitt ist der Puff-Sleeve. Den habe ich schon bei meinem ersten richtigen Nähprojekt eingebaut, und ich finde, er macht so viel her, obwohl der Schnitt an sich supereasy ist!

Dein liebstes Näh-Gadget?

Mein Nahtauftrenner, hahahaha. No joke, ohne das Ding würde ich bei meinem Talent nicht überleben. Man glaubt es kaum, aber da ich Nähen nie irgendwo professionell gelernt habe, mache ich immer noch SO viele Anfängerfehler.

Wie lange brauchst du für ein Nähprojekt?

Das kommt voll auf den Umfang des Projektes an. Ich mache eigentlich generell alles auf den letzten Drücker und muss daher schnell arbeiten. Für mein Abiballkleid habe ich drei Tage gebraucht, für andere Sachen meist so ein bis zwei Tage. Aber wirklich die vollen Tage, da schlafe ich vielleicht sechs Stunden und den Rest nähe ich, haha. :)

OUTFIT

Planner

Tomorrow's Outfit

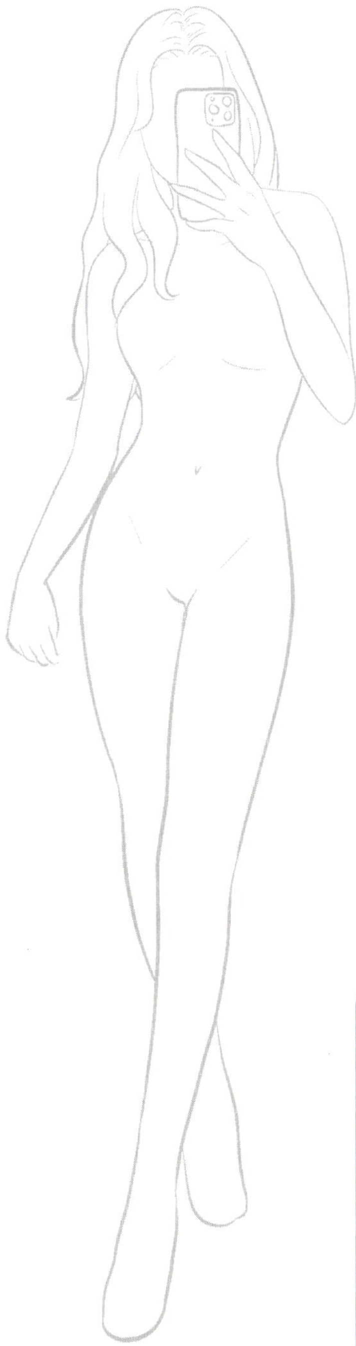

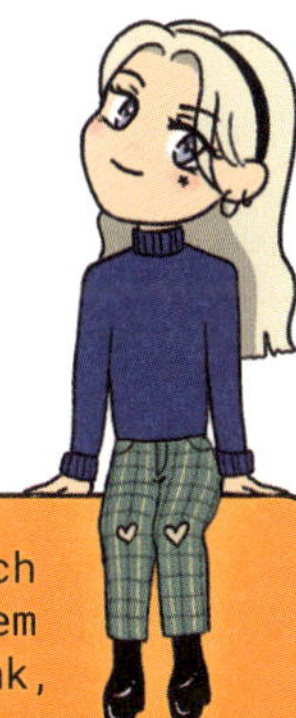

Stehst du auch oft vor deinem Kleiderschrank, musst schnell los, findest aber nichts zum Anziehen und bist megaunzufrieden mit deinem Last-Minute-Outfit? I got ya. Bleib organisiert, plane dein Outfit bis zu den kleinsten Accessoires and be that queen. <3

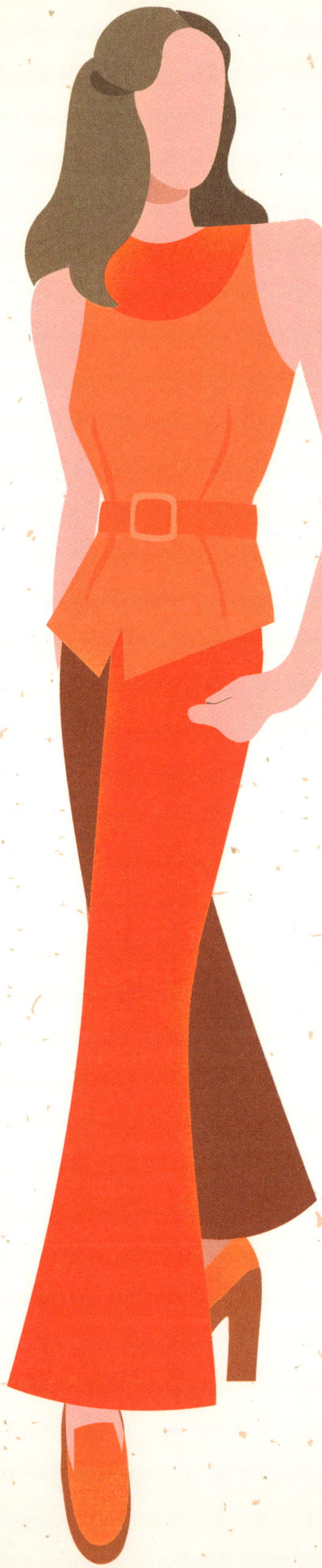

The 1970s

Mode in den 1970ern: Style-Check

Das rebellische Lebensgefühl der 1970er Jahre schlägt sich auch in den Outfits nieder. Die lässige Hippie-Mode der vorangegangenen Jahre ist noch immer angesagt, bunte Blümchen-Prints beliebt wie nie. Der Minirock wird durch knappe Hot Pants abgelöst, zu freizügige Looks gab es zu dieser Zeit nicht. Weit geschnittene, bodenlange Röcke und Kleider sah man häufig in Verbindung mit halblangen Mänteln. Weich fallende Volants (glatt angenähte Falten) schmücken Blusen wie auch Kleider und Röcke. Auch die Schlaghose zählt als eines der modischen Highlights der 1970er und ist für ihre trompetenartige Erweiterung unterhalb des Knies bekannt. Einen weiteren Trend setzen selbst gehäkelte oder gestrickte Oberteile, die mit großen Sonnenbrillen und Hüftgürteln getragen wurden. Auch Umhänge mit bunten Ethno-Mustern sind beliebt: Auffällig waren nicht nur die Schnitte, sondern ebenso Formen und Farben.

Wie du siehst, dieses Jahrzehnt lässt sich keineswegs auf einen einzigen Look herunterbrechen. Zum Hippie-Look gesellen sich weitere Mode-Styles, die in den 1970er Jahren ihren Ursprung haben. Ein Beispiel dafür ist der Punk, der für schwarze Leder-Outfits und zerrissene Hosen steht. Auch die Disco-Mode findet in den 1970ern ihren Anfang: Dazu gehören sogenannte Catsuits (eng anliegende Einteiler) aus Satin und Plateauschuhe.

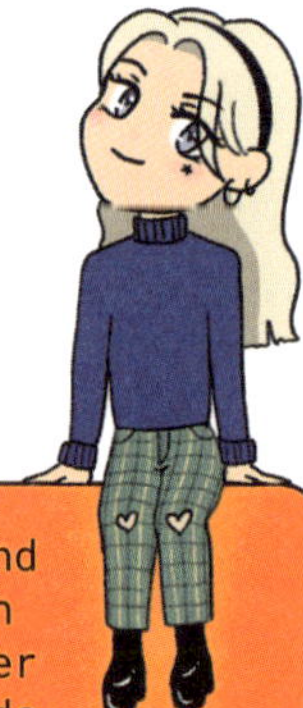

Beste Kombo: Schlaghosen und Plateau-Boots (weil ich ein Schlumpf bin, haha). Bei der Länge deiner Beine wird jede Giraffe neidisch. Also the confidence boost?! Immaculate.

Inspired by the 1970s

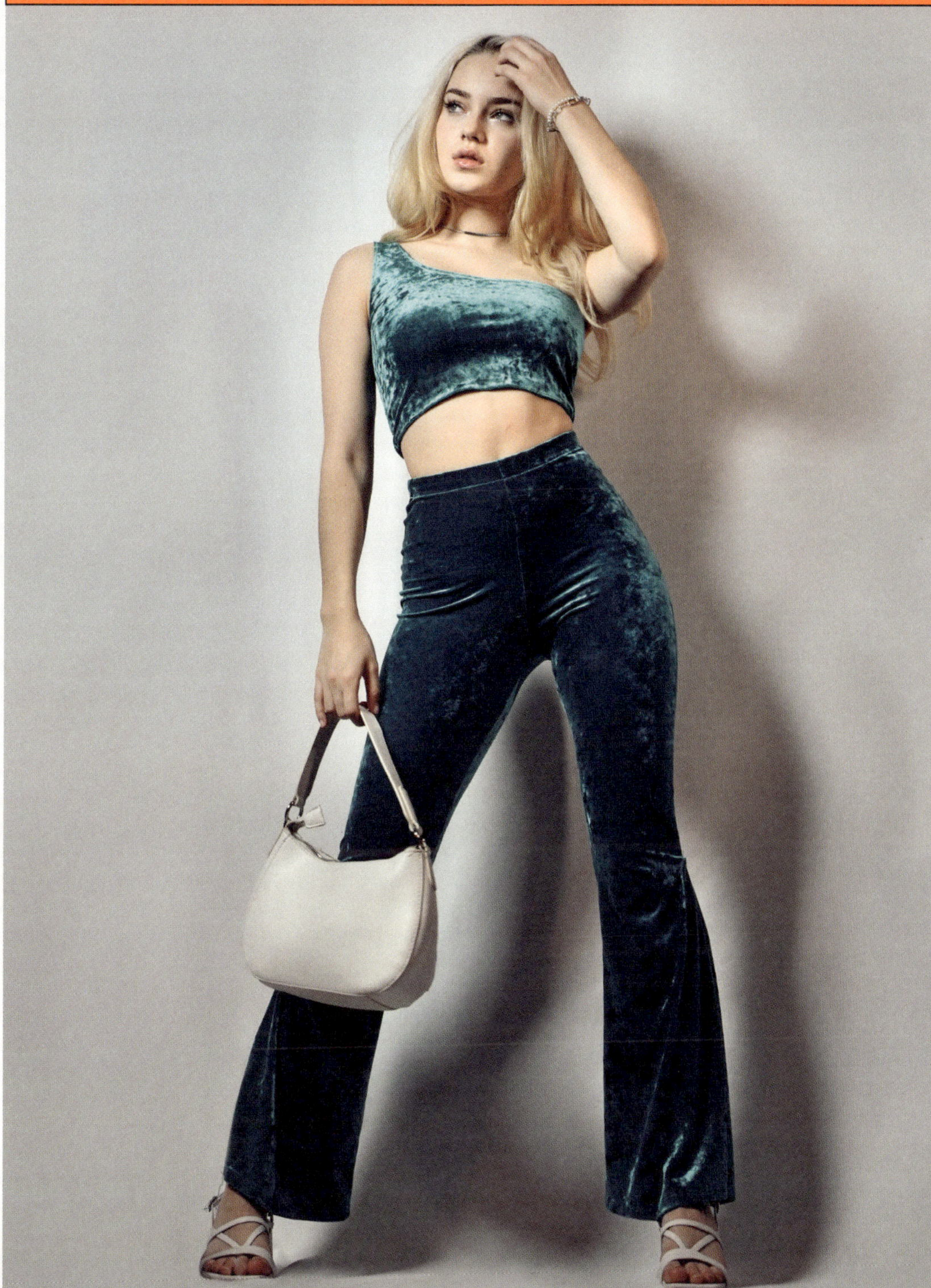

Fashion-Moodboard

Deine modische Collage im 1970s Style

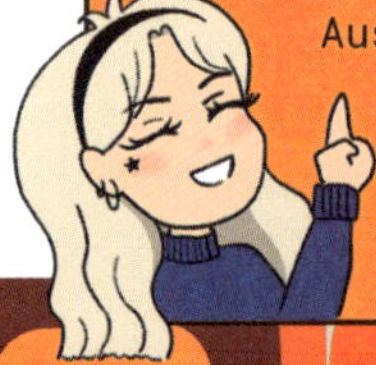

Kreiere ein Stimmungsbild!
Ausgedruckte Bilder und Fotos, Zeichnungen auf Klebezetteln, Textilien, Perlen und andere flache Dinge, die sich zum Aufkleben eignen: Hier ist Platz für alles, was in deinen Augen zur 1970er Fashion passt.

Design-Challenge

Wir spulen die Zeit bis ins Jahr 1971 zurück, und deine beste Freundin schmeißt 'ne fette Geburtstagsparty. Designe dein auffälliges Party-Outfit passend zu den 1970ern!

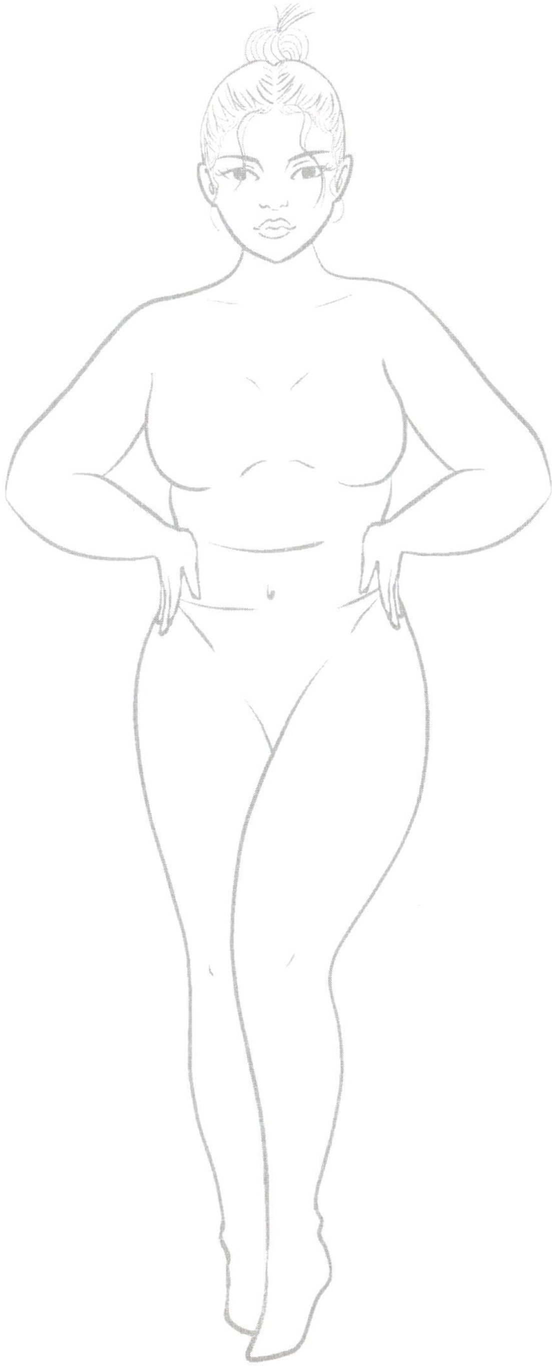

Reflexion

Hier hast du die Möglichkeit, über die Mode-Ära der 1970er Jahre sowie über deine Design-Challenge zu reflektieren. Welchen Style hast du für dich entdeckt, und was sagt das über dich aus? Schreib auf, was dir gefällt und was nicht.

Foto-Challenge

Stell ein wildes Party-Outfit im Stil der 1970er Jahre zusammen. Bediene dich dafür an dem Stuff, der schon in deinem Kleiderschrank hängt. Oder du machst einen kleinen Trip in ’nen local Thrift-Store.
Hier ist Platz für ein Erinnerungsfoto:

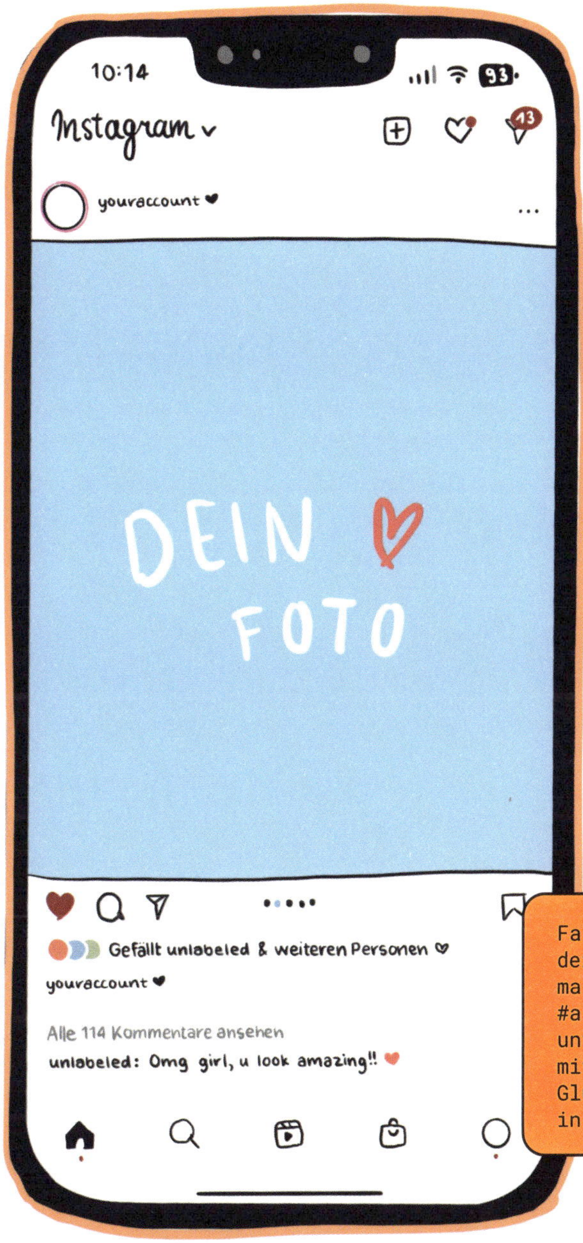

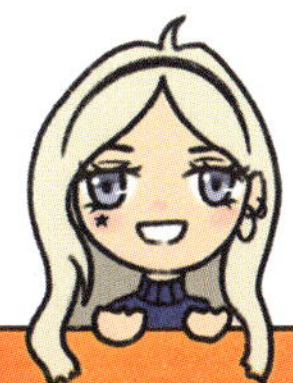

Falls du Bock hast, dein Outfit zu posten, markier mich mit #articulateyourself unter dem Bild, und mit ein bisschen Glück reposte ich es in meiner Story. <3

Accessoires

DAMIT BRINGST DU JEDES OUTFIT AUF EIN ANDERES LEVEL!

Du weißt nicht, wie oft ich schon vor meinem Spiegel stand und mir dachte: »Omg, Paula, das ist das LANGWEILIGSTE Outfit ever.« Wenn du auch an diesem Punkt angelangt bist, dann hab ich hier jetzt die absolute Wunderwaffe für dich: Accessoires.

Oh, und bevor du denkst, dass das ja mal der lameste Tipp ever ist, weil jede*r weiß, dass Schmuck ein Outfit optisch aufwertet – wer hat gesagt, dass Accessoires nur Synonyme für Schmuck oder Taschen sind?

Also habe ich hier mal ein paar Dinge aufgelistet, über die niemand spricht, die dein Outfit aber von 'ner stabilen 5/10 instant auf eine 12/10 bringen:

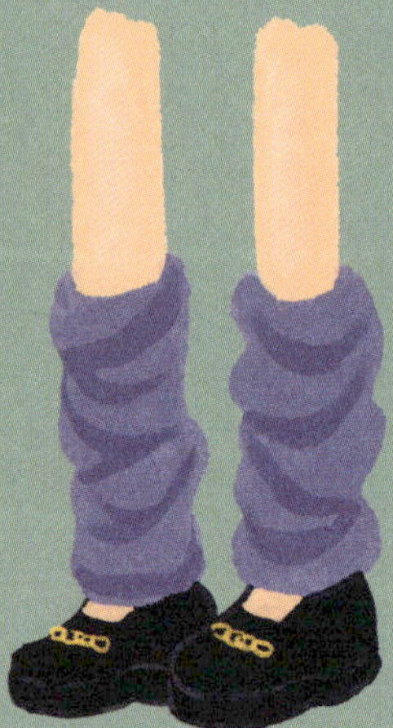

Haarbänder

So underrated! Ob schwarz, weiß oder buntes Muster: Mit einem Haarband siehst du direkt aus, als wärst du einem 90s-Highschool-Film entsprungen. Du kannst entscheiden, ob du's lieber mit offenen Haaren oder doch eher mit 'nem hohen Ponytail oder zwei sweeten Zöpfen trägst. Deiner Kreativität sind keine Grenzen gesetzt. <3

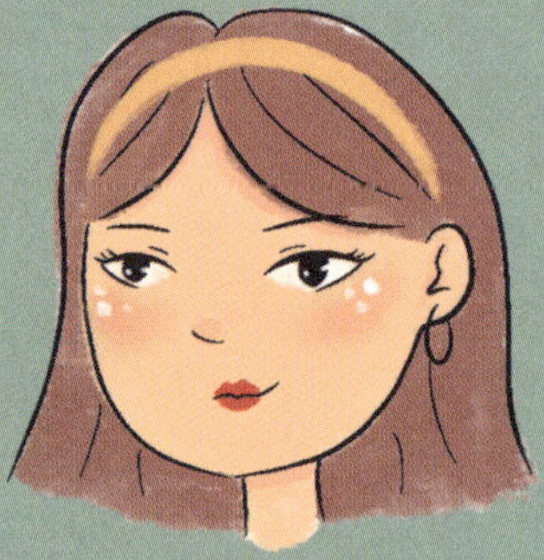

Stulpen

Ob für die Beine oder die Hände, die Dinger sind nicht nur angenehm warm, sondern geben deinem Outfit auch noch das gewisse Etwas. Stell dir vor, es ist Herbst, und zu deinem basic Fit aus Shirt, Jacke und Baggy Jeans kombinierst du noch farblich passende Stulpen. Girl, du bist einfach main character, egal, wo du hingehst!

Kopfhörer & Sonnenbrille
Du willst deinem Outfit noch eine Prise mysterious vibes geben? There you go. Einfach ein paar sweete Kopfhörer und eine vintage Sonnenbrille von einem Elternteil aufsetzen, und du bist einfach king, bestie.

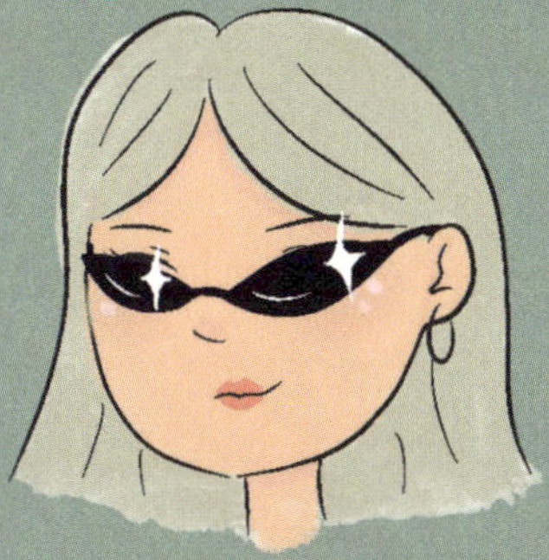

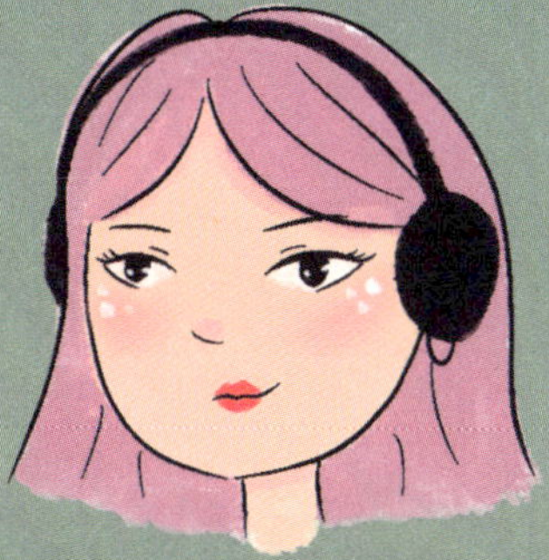

(Fake) Details im Gesicht
Ob du dir ein paar Fake Freckles aufmalst, einen kleinen Sticker auf die Wange klebst (ich klebe mir zum Beispiel immer ein Pimple-Patch in Sternform auf) oder lilafarbene Lippen schminkst: It doesn't matter, aber es wird deinen Style optisch krass aufwerten.

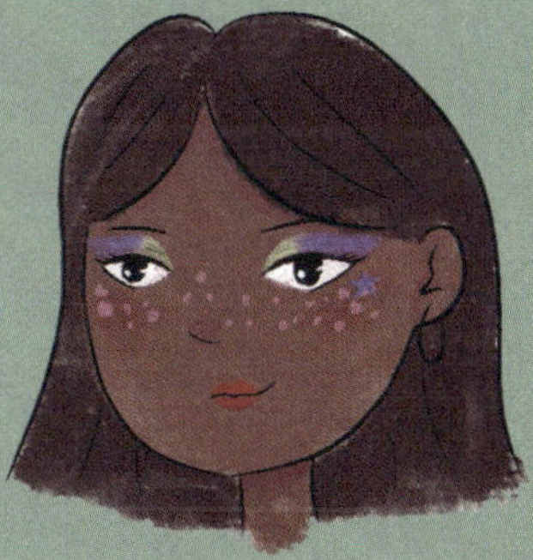

Jutebeutel
Ich sag's ungern, aber diese Taschen sind leider ein Vibe. Imagine, du schlenderst durch den Park mit deiner Tote Bag, setzt dich auf eine Parkbank, holst ein Buch raus und tust so, als würdest du lesen, beobachtest aber eigentlich lieber die vorbeigehenden Leute. Am heftigsten kommt's, wenn du das Ding auch noch selber bemalt hast.

OUTFIT

Planner

Tomorrow's Outfit

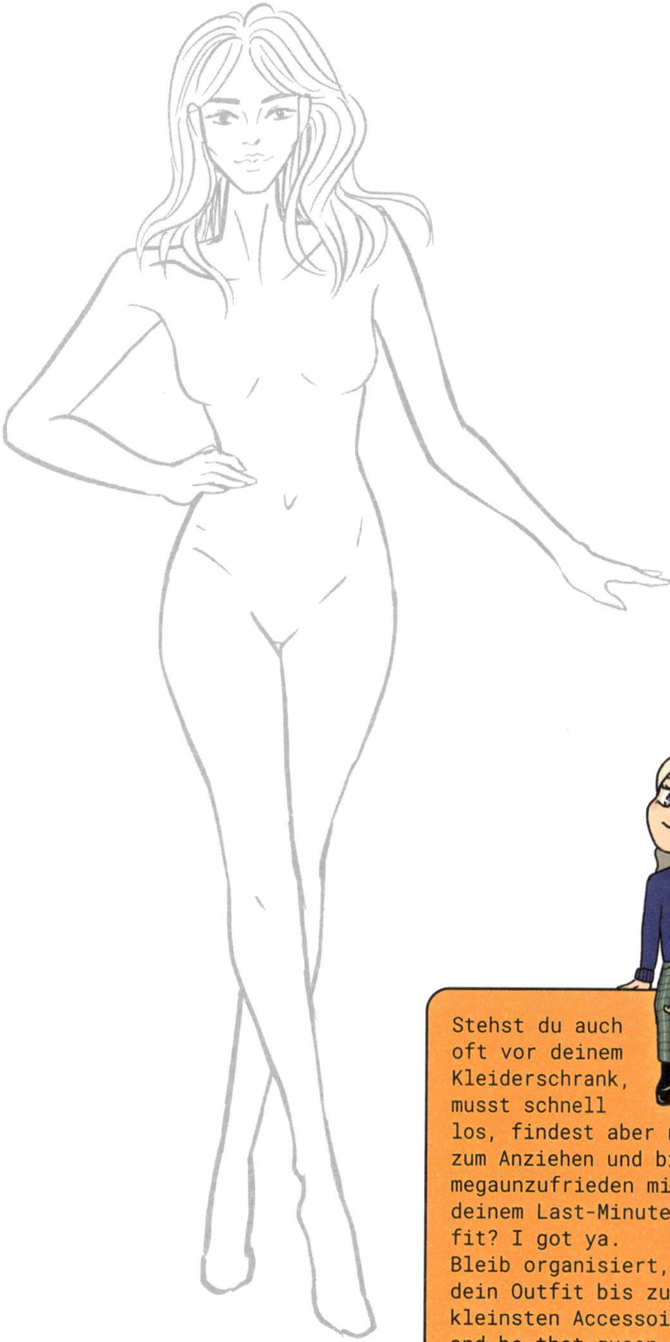

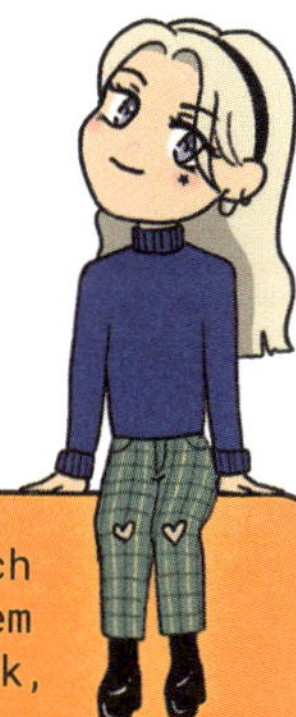

Stehst du auch oft vor deinem Kleiderschrank, musst schnell los, findest aber nichts zum Anziehen und bist megaunzufrieden mit deinem Last-Minute-Outfit? I got ya.
Bleib organisiert, plane dein Outfit bis zu den kleinsten Accessoires and be that queen. <3

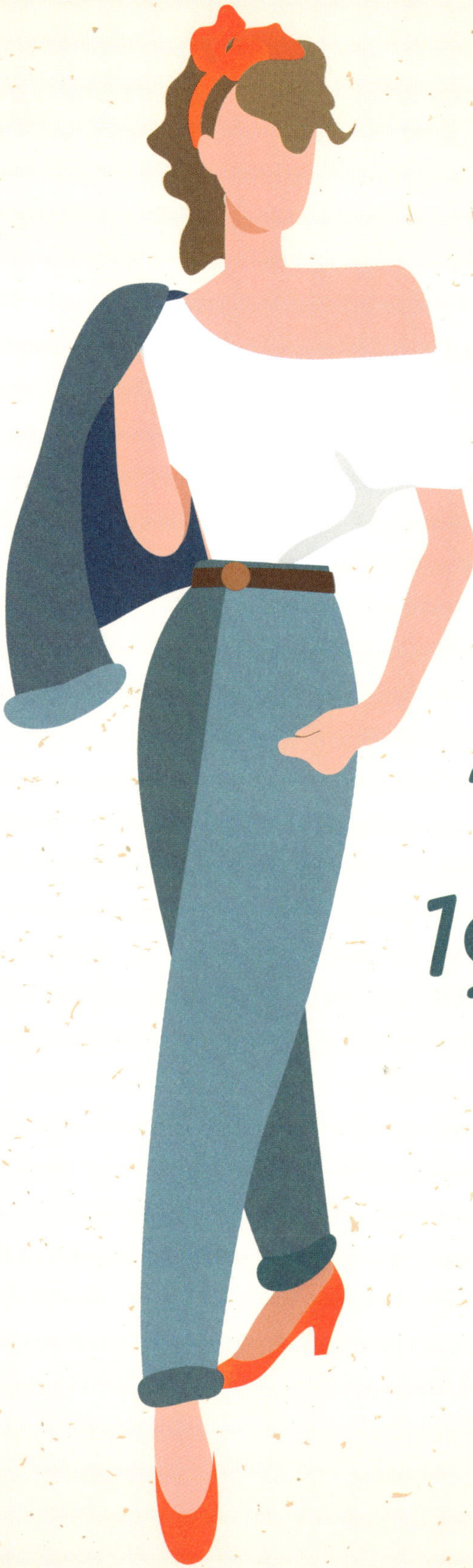

The 1980s

Mode in den 1980er Jahren: Style-Check

»Dress for success«: Nach diesem Leitspruch kleideten sich die karrierebedachten Menschen der 1980er Jahre. Modisch angezogen war man mit Looks, die eine auffällige Silhouette zaubern. Im Trend waren außerdem Bermudas aus Wolle mit passender Jacke sowie Pagenhosen aus Brokat. Ein klassisches Business-Outfit war ein lang geschnittener Blazer, zu dem man einen engen knielangen Rock trug oder auch einen Hosenanzug.

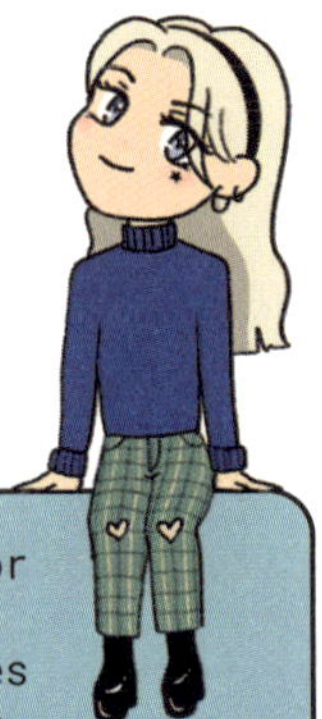

Alleine das Motto »Dress for success«: Freunde, das ist mein Lebensmotto. Und deines sollte es auch werden, denn Fashion ist einfach eine andere Art Kunst, Dinge zu manifestieren.

Doch wer denkt, die Mode der 1980er Jahre ist unaufgeregt und langweilig, hat sich getäuscht, denn in diesem Jahrzehnt war alles erlaubt und miteinander kombinierbar! Im Kontrast zur strengen Business-Mode wurde strapazierfähiges Leder mit edler Spitze getragen, und Dessous wurden zum Alltagsoutfit umfunktioniert. Geometrische Muster und ausgefallene Farbzusammenstellungen waren im Mainstream. Die Schultern wurden gerne künstlich mit Hilfe von XXL-Polstern verbreitert. Und auch üppige Puff- und Fledermausärmel waren der Hit! Dadurch entstand die für das Modejahrzehnt typische V-Form. Angesagt war außerdem der Oversize-Look: Übergroße Shirts kombinierte man mit hoch geschnittenen Stiefeln.

Den Oversize-Look kann ich empfehlen, wenn du mal keinen Bock hast, deine Figur zu betonen. Ist auch mein absoluter Wohlfühl-Look im Winter. ;)

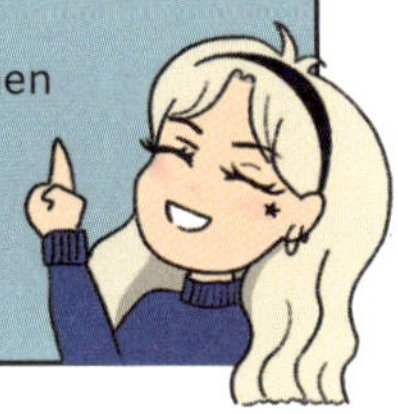

Neu war auch der vom Aerobic-Hype inspirierte Kleidungsstil: Überall sah man farbenfrohe Stirnbänder, Jogginghosen, Turnschuhe und Stulpen, gerne auch als Disco-Outfit getragen. Und das absolute It-Piece? Die Bundfaltenhose und auch die Karottenhose, heute besser bekannt als Mom-Jeans.

Inspired by the 1980s

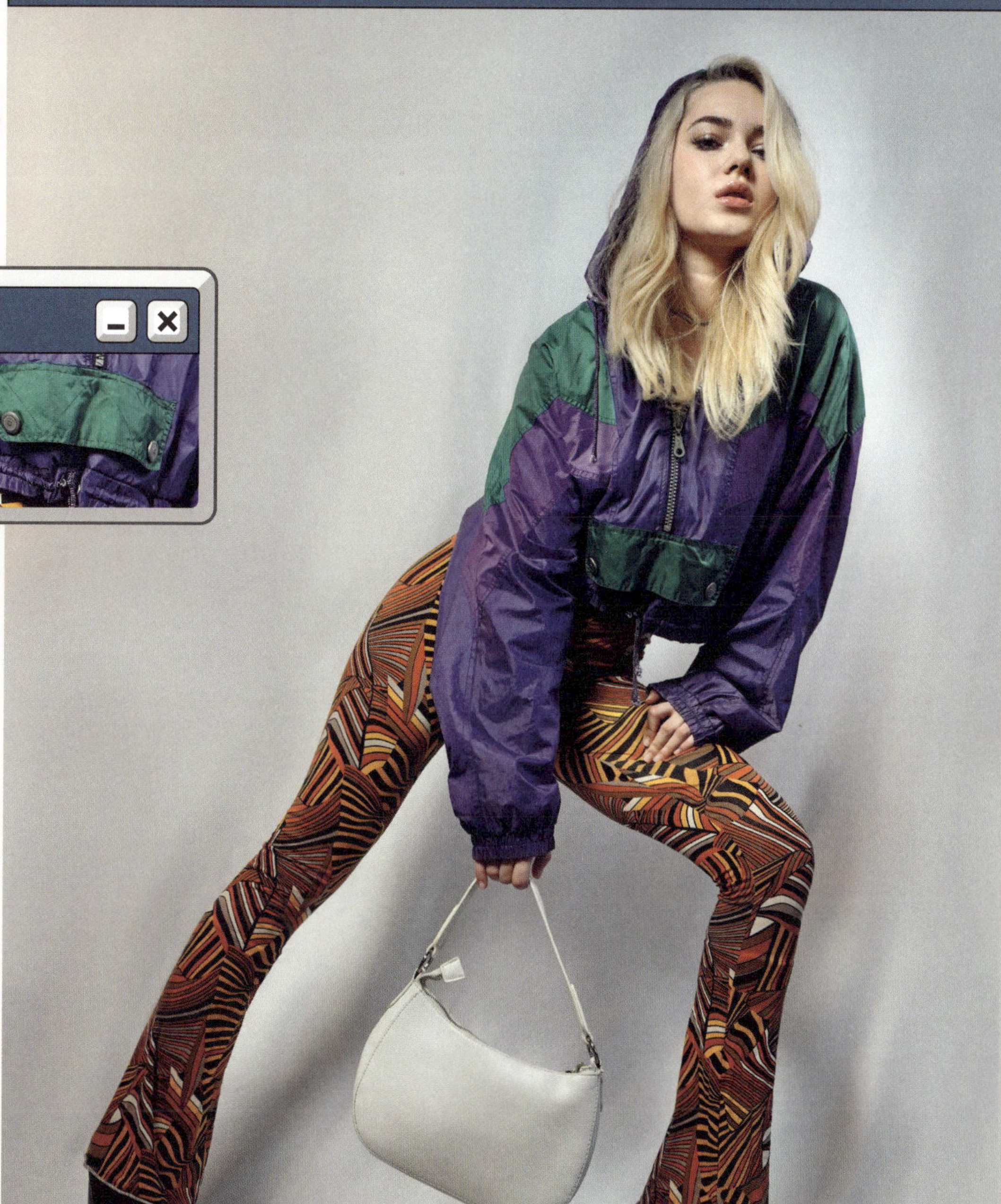

Fashion-Moodboard

Deine modische Collage im 1980s Style

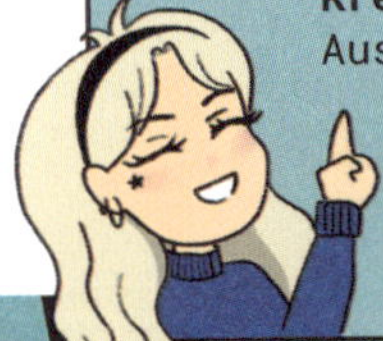

Kreiere ein Stimmungsbild!
Ausgedruckte Bilder und Fotos, Zeichnungen auf Klebezetteln, Textilien, Perlen und andere flache Dinge, die sich zum Aufkleben eignen: Hier ist Platz für alles, was in deinen Augen zur 1980er Fashion passt.

Design-Challenge

In den 1980er Jahren war Aerobic eine sehr beliebte Sportart, und so entstanden auch very iconic Looks. Lass dich von der farbenfrohen Mode-Ära inspirieren und designe ein wildes Sport-Outfit. ;)

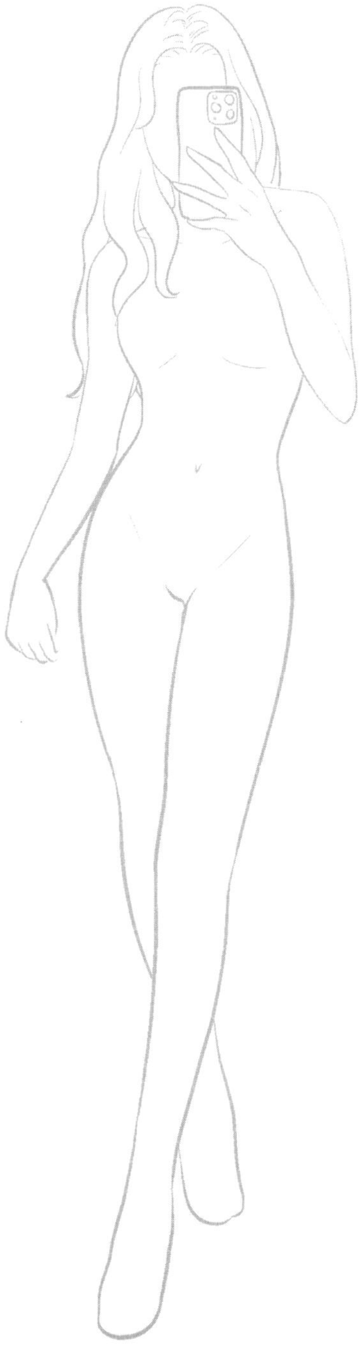

Reflexion

Hier hast du die Möglichkeit, über die Mode-Ära der 1980er Jahre sowie über deine Design-Challenge zu reflektieren. Welchen Style hast du für dich entdeckt, und was sagt das über dich aus? Schreib auf, was dir gefällt und was nicht.

Foto-Challenge

Stell ein sweetes Sport-Outfit im Stil der 1980er Jahre zusammen. Bediene dich dafür an dem Stuff, der schon in deinem Kleiderschrank hängt. Oder du machst einen kleinen Trip in ’nen local Thrift-Store.
Hier ist Platz für ein Erinnerungsfoto:

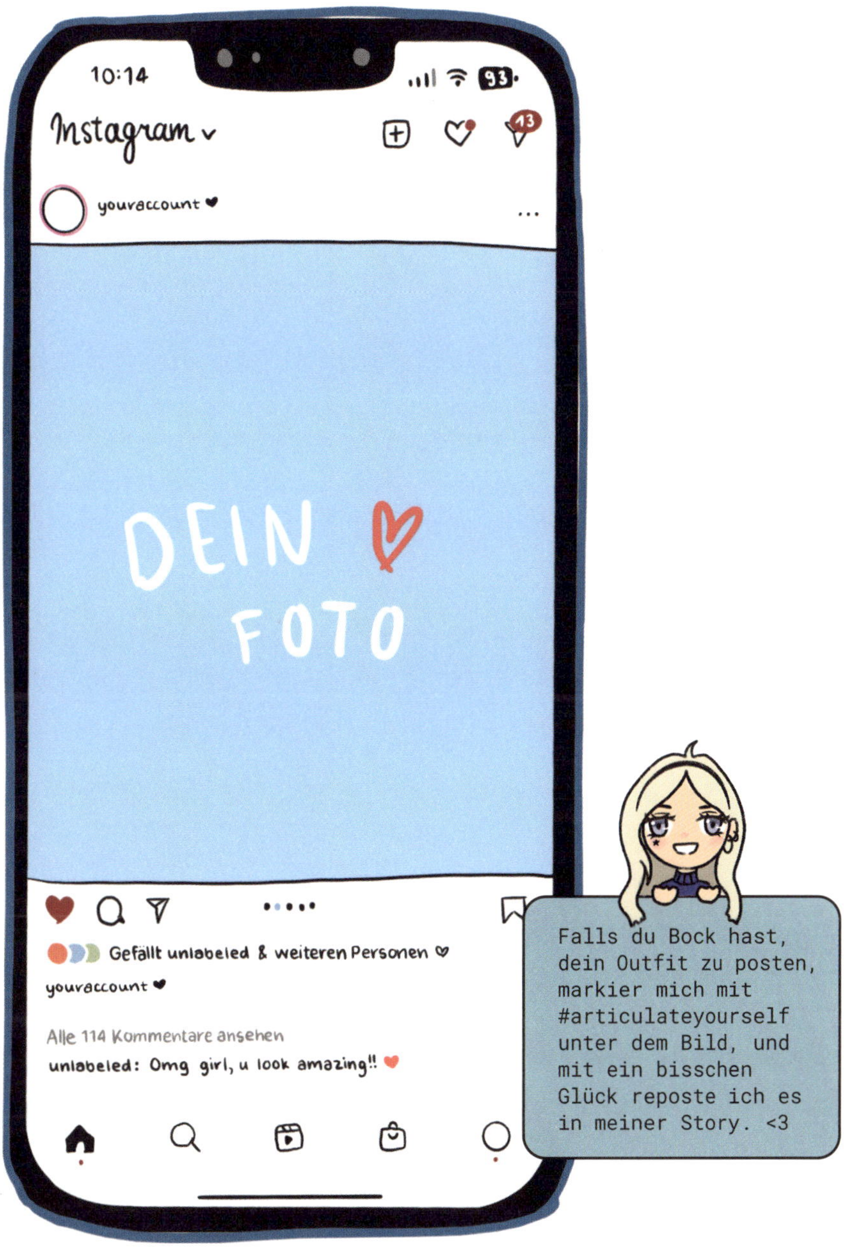

Schnittmuster erstellen

So geht's auch ohne Schneiderpuppe!

Eine der meistgestellten Fragen, die ich bekomme, lautet: »Paula, wie machst du deine Schnittmuster selber?« Und ich bin ehrlich zu euch, Guys – das ist wahrscheinlich keine 100-prozentig fachkundige Methode, aber hier folgen nun meine ganz eigenen, hochprofessionellen Anleitungen, wie du Schnittmuster ganz ohne eine Schneiderpuppe anfertigen kannst.

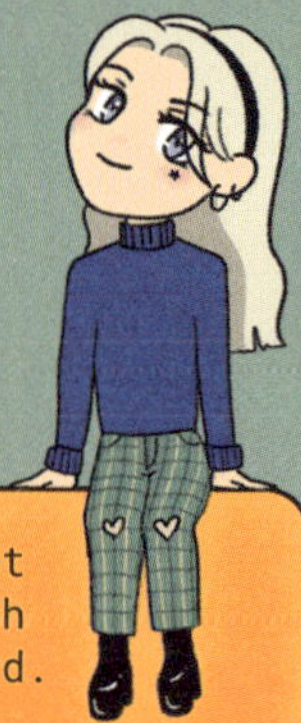

Als **Schnittmuster** bezeichnet man eine Art Schablone, nach der Stoff zugeschnitten wird.

Die **Skizze** ist die Grundlage jedes Schnittmusters. Ohne die geht gar nichts!

Du brauchst:

- Designskizze
- alten Stoff
  (zum Beispiel ein Bettlaken, Vorhang, Tischdecke o. Ä.)
  Benutz hierfür am besten einen mitteldünnen Baumwollstoff!
- Schneiderkreide (oder ein Seifenstück)
- Stoffschere
- Stecknadeln
- Schnittmusterpapier

Schnittmuster für Oberteile erstellen

Step 1: Vorbereiten
Zieh dir ein hautenges Top oder Longsleeve an. Daran wirst du deinen Stoff drapieren, du bist jetzt quasi deine eigene Schneiderpuppe. Nun schneidest du ein Rechteck aus dem alten Stoff. Je nachdem, was für ein Kleidungsstück es werden soll, variierst du dabei mit der Größe.

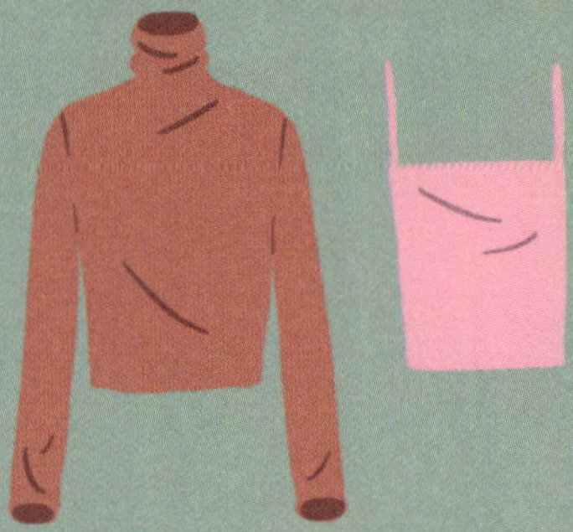

Step 2: Abstecken
Schau dir deine Skizze an und unterteile das Kleidungsstück in »Häppchen«, also zum Beispiel in Vorderteil, Rückenteil und Ärmel. Falls du ein Korsett nähst, musst du Vorder- und Rückseite eventuell auch noch mal in einzelne Stücke teilen.

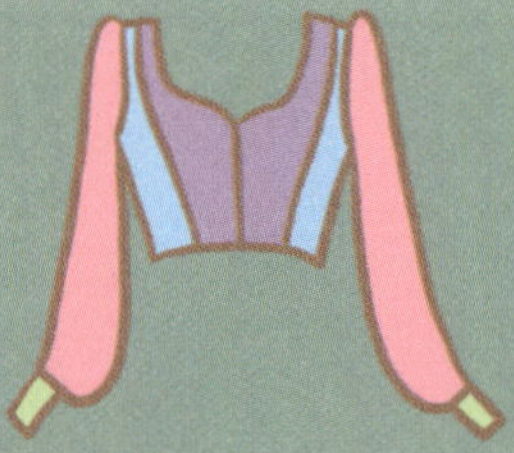

Fang mit dem ersten »Häppchen« an, zum Beispiel mit dem Vorderteil. Leg das Stoffstück auf eine Seite deiner Brust (den Rest spiegeln wir nämlich einfach): so, dass deine Brust von dem Teil komplett bedeckt wird, wie auf deiner Skizze gezeigt. Du wirst direkt merken, dass der Stoff auf der Wölbung deiner Brust nicht flach liegt. Es entsteht eine Falte, in Form eines Keiles. Diese steckst du jetzt ab. Und tadaa, dein erster Abnäher! So fährst du fort, bis das Stoffstück wie eine zweite Haut sitzt.

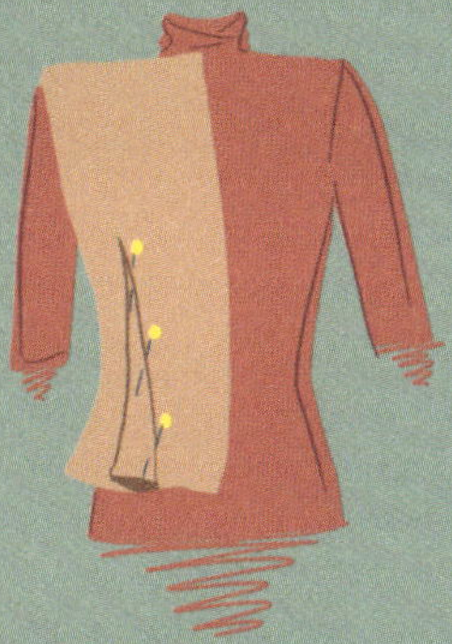

Step 3: Anzeichnen

Wenn du mit dem Abstecken fertig bist, geht es ans sogenannte »Shaping«. Orientier dich wieder an deiner Skizze und zeichne die Hälfte des Halsausschnitts sowie den unteren Rand des Oberteils auf dem Stoffstück an dir selbst an. Vergiss dabei nicht, an der Seite unter der Achsel und in der Mitte des Torsos eine senkrechte, gerade Linie zu ziehen.

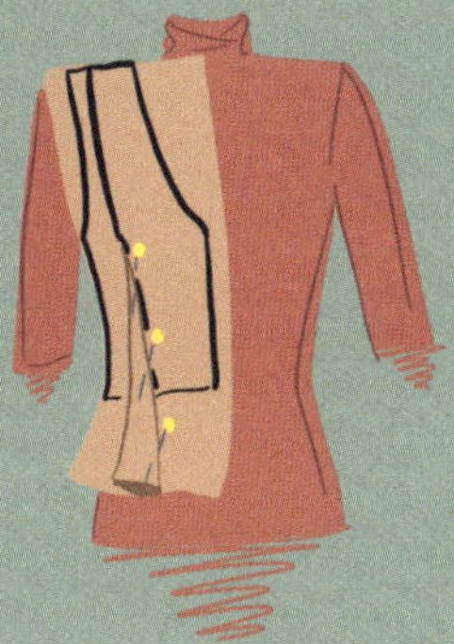

Step 4: Schneiden

Jetzt kannst du das Stoffstück von deinem Oberkörper entfernen und auf einer ebenen Fläche platzieren. Ziehe die Abnäher an beiden Seiten noch mal mit deiner Kreide nach, bevor du die Nadeln entfernst. Hier solltest du jetzt bei einem nach obenhin spitz zulaufenden Dreieck enden. Mit einer Stoffschere schneidest du an diesem Dreieck entlang sowie an allen weiteren Linien, die du angezeichnet hast.

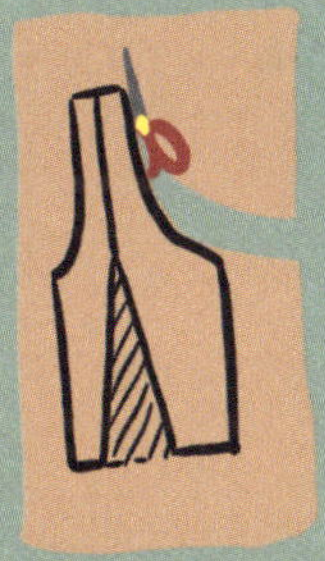

Step 5: Auf Schnittmusterpapier übertragen

Um Schnittmuster besser aufbewahren zu können und sie leicht auf den gewünschten Stoff übertragbar zu machen, sind sie meist aus einem dünnen Papier gefertigt. Damit unser Schnittmuster noch zu einem richtigen wird, musst du die Stoffversion also noch auf spezielles Schnittmusterpapier übertragen.

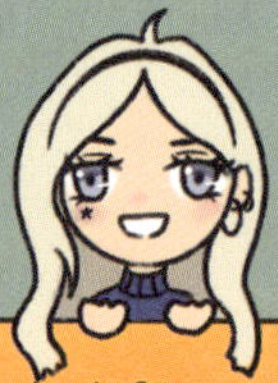

Früher habe ich dafür meist Backpapier, dickes Geschenkpapier oder alte Tapete verwendet, das geht auch.

Einfach alle Kanten umranden, ausschneiden, et voilà – dein selbst gemachtes, ganz persönlich auf deine Maße angepasstes Torso-Schnittmuster ist fertig!

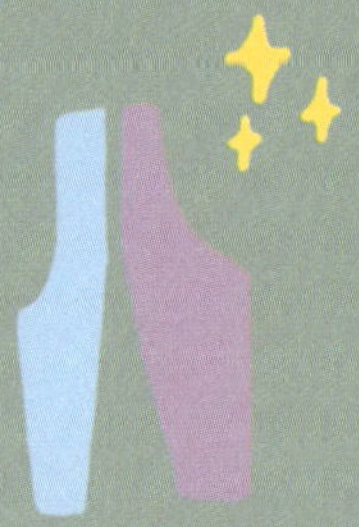

Optional

Falls dein Oberteil später Ärmel haben soll, miss die Ärmelöffnung von deinem Torso-Schnittmuster ab. Danach nimmst du dir am besten ein altes Oberteil mit Ärmeln, das du sowieso nicht mehr anziehen würdest. Schneid einen Ärmel ab und trenn ihn an der Naht auf. Von diesem Ärmel misst du die obere Kante (das, was lowkey wie ein Berg aussieht) und vergleichst diese Messung mit der deines Schnittmusters. Zu viel, zu wenig? Paus die Rundung einfach etwas ausladender oder schmaler ab. And there you go, das Ärmel-Schnittmuster is done!

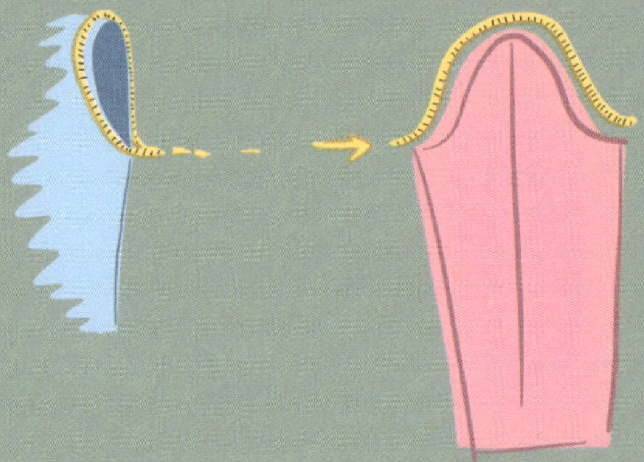

Schnittmuster für Hosen erstellen:

Professionelle Variante: viel Mathe. Nichts wird frei Schnauze gezeichnet, sondern 100-prozentig ausgemessen und berechnet. Wenn du darauf stehst, findest du bei YouTube komplizierte Anleitungen.

Falls du aber Bock auf die schnellere **»Paula-Variante«** hast – here you go:
Für diese Methode kannst du direkt mit dem Schnittmusterpapier arbeiten. Schneid ein Rechteck aus, das ca. 1,20 bis 1,40 m breit ist und ca. 20 cm länger als deine Hose.
Für dein Schnittmuster benötigst du eine Hose, die dir RICHTIG gut passt. Leg deine am Schritt gefaltete Hose jetzt

in die Mitte des Papiers. Die Hosenbeine sollten parallel zu den langen Seiten des Papierrechtecks platziert werden.

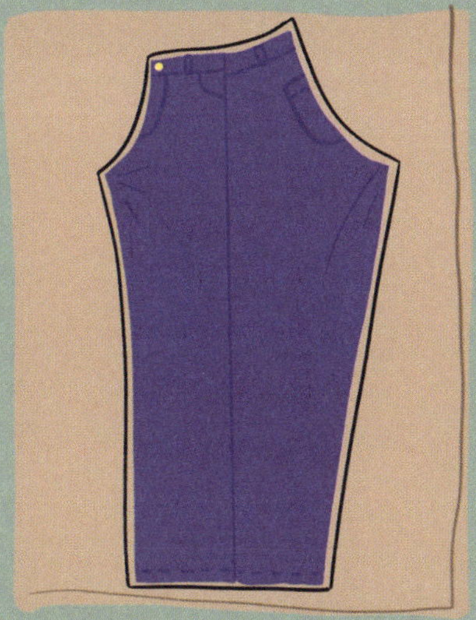

Das Wichtigste ist hierbei die Schrittnaht: Je nachdem, in welche Richtung du die Hose faltest (nach vorne oder hinten), ergeben sich zwei verschiedene Schrittnähte: eine kürzere (Vorderseite der Hose) und eine längere (Rückseite/Po).

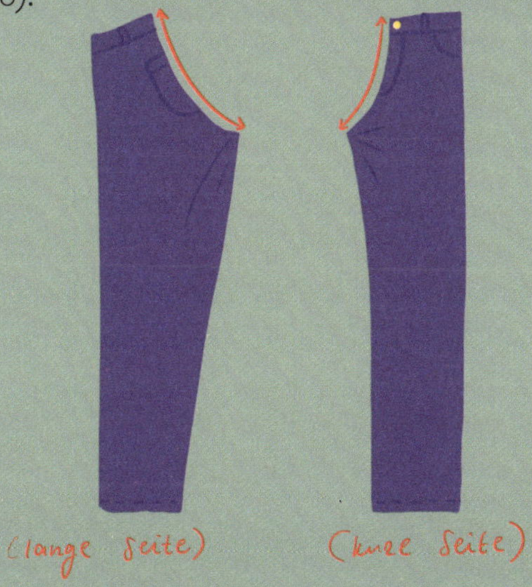

Für das Schnittmuster brauchen wir beide Seiten. Falte die Hose so, dass die Hosenbeine übereinanderliegen. Umrande einmal die Reißverschlussseite mit der kurzen Schrittnaht und einmal die lange Seite mit den Potaschen. Welche du auf welche Seite legst, ist egal. Schneid das Schnittmuster aus und einmal in der Mitte durch.

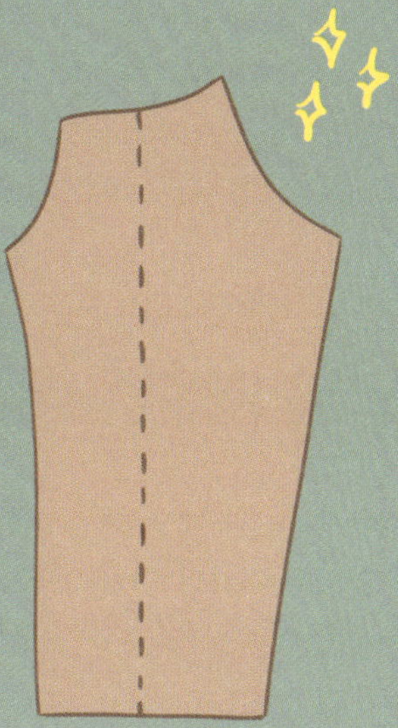

Voilà, dein basic Schnittmuster für eine Hose ist done! Du kannst den Schnitt jederzeit ändern, indem du den Grundschnitt abpaust und die Hosenbeine dabei zum Beispiel nach unten hin breiter werden lässt, wie bei einer Schlaghose.

Schnittmuster für Röcke erstellen

Variante 1: der Tellerrock

Der Tellerrock ist ein Allrounder: Je nach Länge und Saumweite kann er ganz unterschiedlich aussehen. Besonders beliebt war der Schnitt in den 1950er Jahren, als gepunktete Stoffe und Petticoats angesagt waren.
Der schwingende Tellerrock mit dem großen Saumumfang ist ein tolles Nähprojekt für Anfänger. Für das dazugehörige Schnittmuster benötigst du die Maße deines Taillenumfangs und die gewünschte Rocklänge. Mit diesen Angaben erstellst du das für den Tellerrock typische, kreisförmige Schnittteil. Den Radius des inneren Kreises (Taillenumfang) berechnest du mit der Formel r = Umfang / 2π.

Rock ohne Falten: Schneide einen Viertelkreis aus dem kreisförmigen Schnittteil aus.

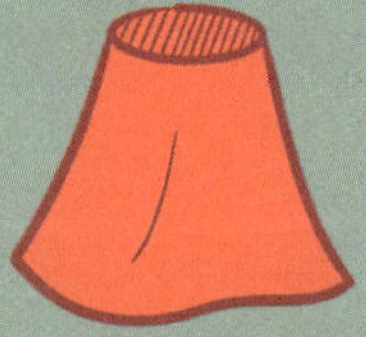

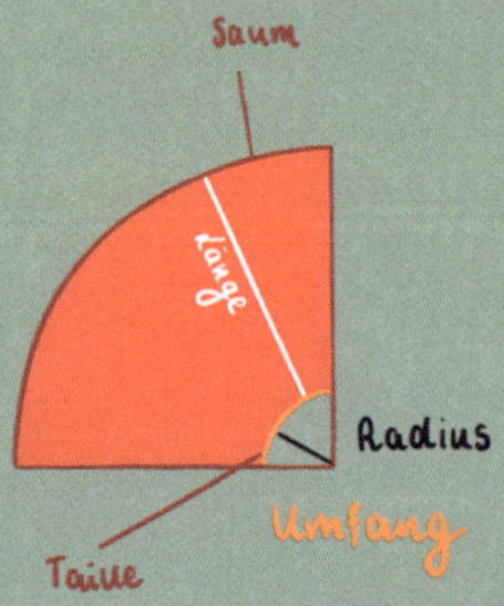

Rock mit wenig Falten: Falte den Stoff einmal in der Mitte (Halbkreis) und schneide einen Viertelkreis aus.

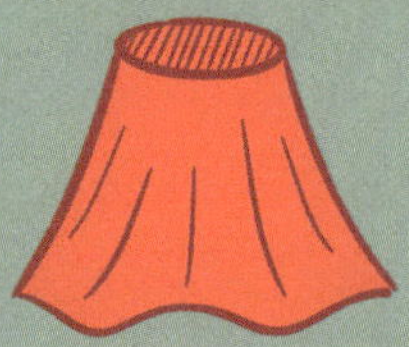

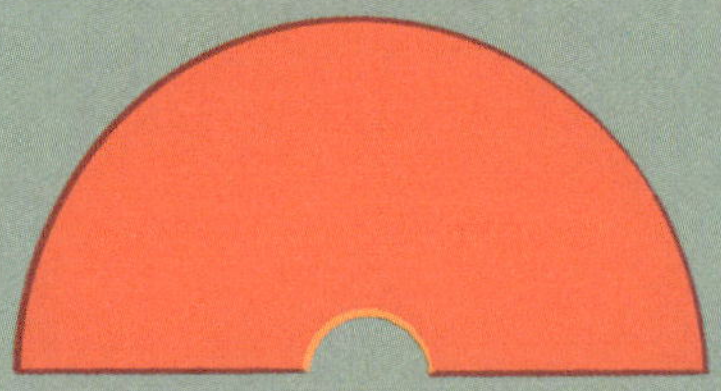

Rock mit vielen Falten: Falte den Stoff zweimal in der Mitte (Vollkreis) und schneide einen Viertelkreis aus.

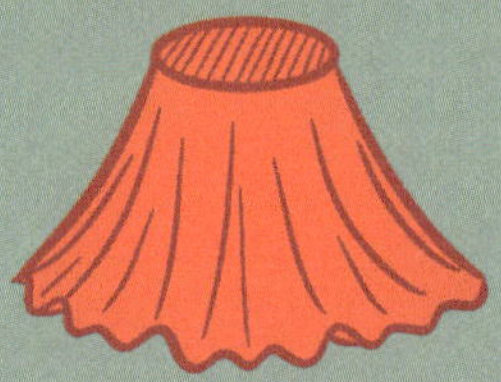

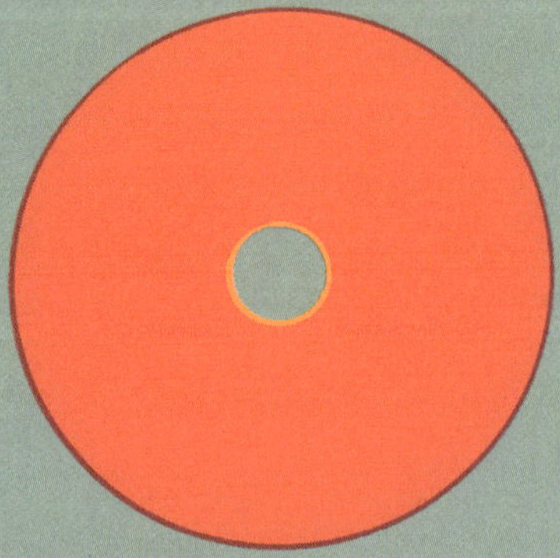

Du beginnst bei der (gefalteten) Ecke und misst von dieser mit einem Maßband den ausgerechneten Radius rundherum ab, bis ein innerer Viertelkreis entsteht.
Von dieser Linie misst du jetzt noch mal deine gewünschte Länge ab, auch wieder zu einem Viertelkreis.
Bei den Linien abschneiden, Reißverschluss in die offene Seite nähen, und der Tellerock ist done!

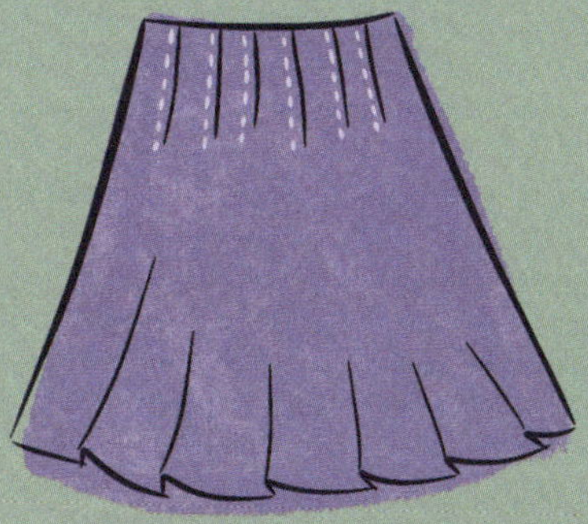

Variante 2: der Faltenrock

Vor allem bei Back-to-School-Looks sieht man häufig Faltenröcke. Sehen zwar fancy aus, das Schnittmuster ist aber megaeasy.
Multipliziere deinen Taillenumfang mit 3 und schneide ein Rechteck mit dieser Länge und der Höhe gleich der Rockhöhe aus. Mit einer Gabel kannst du jetzt an der oberen Kante easy Falten legen. Dafür schiebst du einen Gabelzahn in die Stoffkante, drehst die Gabel dann einmal um 180 Grad und steckst diese Falte dann ab. Wenn du alle Falten gleichmäßig abgesteckt hast, kannst du an der oberen Kante mit einem Geradstich einmal drübernähen.
Jetzt noch einen Bund und Reißverschluss annähen, et voilá, dein Faltenrock ist done!

OUTFIT

Planner

Tomorrow's Outfit

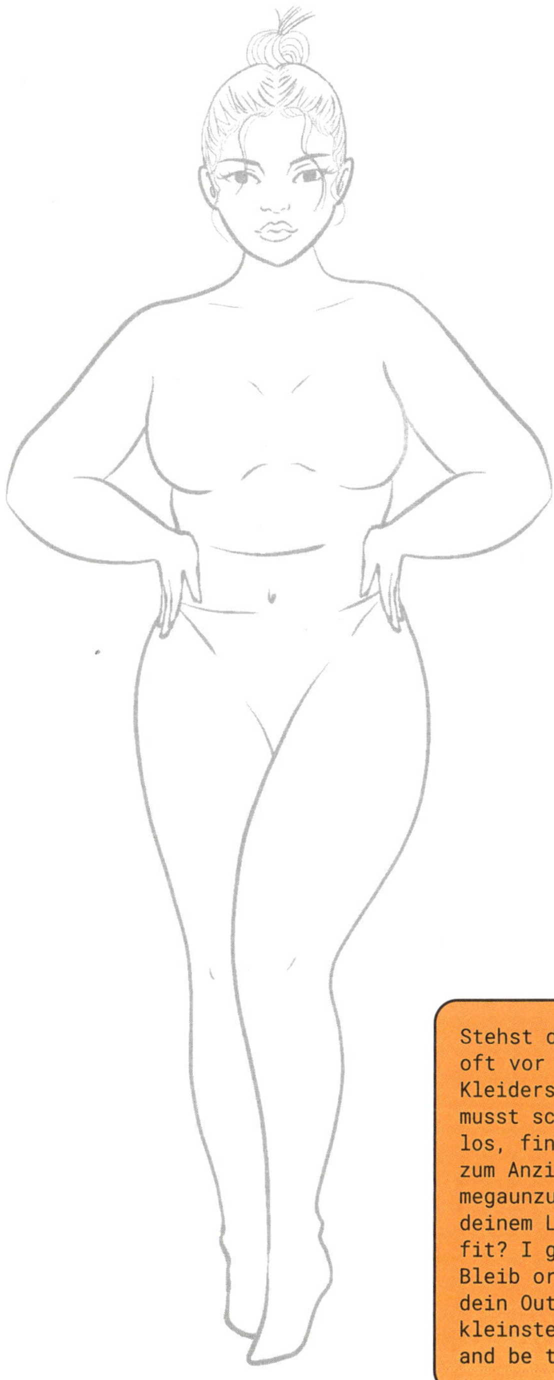

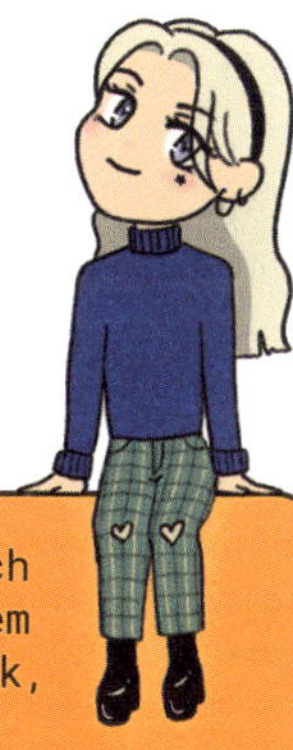

Stehst du auch oft vor deinem Kleiderschrank, musst schnell los, findest aber nichts zum Anziehen und bist megaunzufrieden mit deinem Last-Minute-Outfit? I got ya.
Bleib organisiert, plane dein Outfit bis zu den kleinsten Accessoires and be that queen. <3

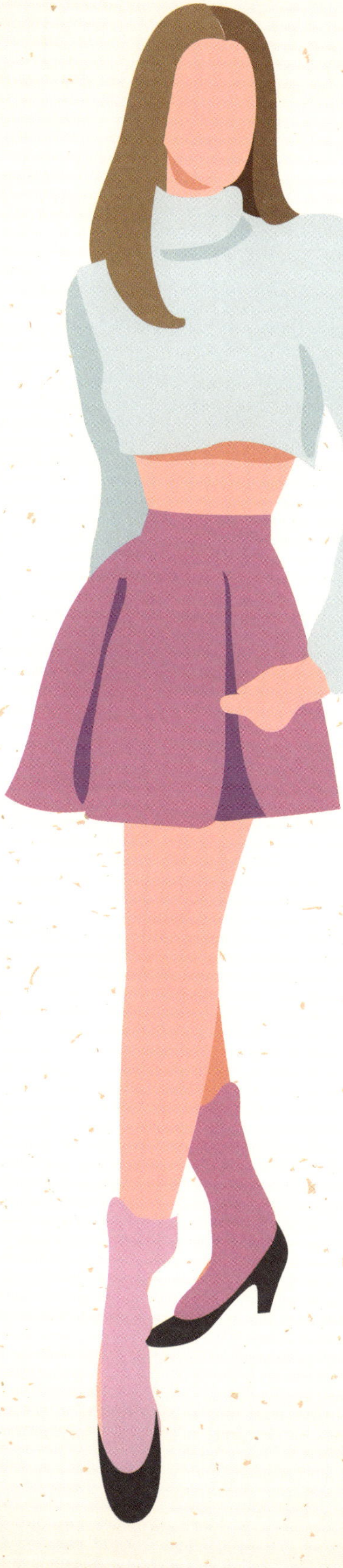

The 1990s

Mode in den 1990er Jahren: Style-Check

Ob mit Flower-Print, aus glänzendem, elastischem Stoff in knalligen Farben oder aus Samt-Stretch: Leggings wurden in allen möglichen Farben und Mustern getragen. Die bunten Leggins sind beispielhaft für die Experimentierfreude in der Mode der 1990er. Abgenutzte und zerschlissene Jeans und Oberteile, bedruckte T-Shirts, Frottee-Outfits sowie bunte, leuchtende Farben waren so beliebt wie nie.

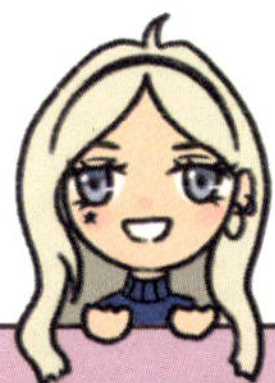

Crazy, früher hat gefühlt jede*r diese Mode getragen. Oft orientieren sich die Leute am Mainstream. Aber wäre es nicht viel cooler, gegen den Strom zu schwimmen und genau das Gegenteil zu machen?

Inspiriert von den verspielten Looks von Bands wie den Spice Girls sah man häufig kurze Röcke, Schlaghosen und Plateau-Sneaker.

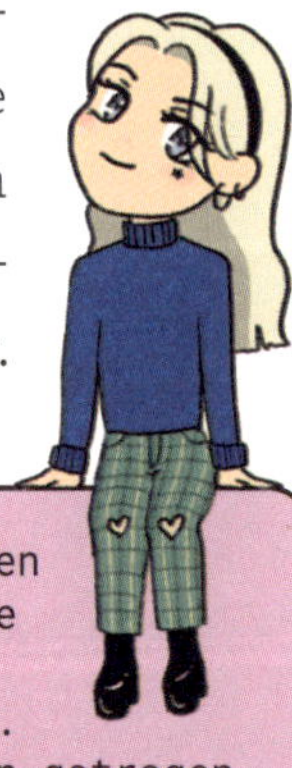

Ich feier nicht alles aus den 90er Jahren, aber bauchfreie Oberteile, kurze Röcke und Plateauschuhe sind der Sh*t. Buffalos habe ich 2017 schon getragen. Damals hat mich damit jeder angeschaut, als hätte ich das Rad neu erfunden.

Typisch für das Modejahrzehnt waren außerdem bauchfreie Oberteile, egal ob als Spaghettiträger-Top oder als Rippenstrick-Pullover.

Und wer sich getraut hat, trug auch gerne mal ein Netzshirt auf nackter Haut. Kombiniert mit tief sitzenden Jeanshosen kam das in den 1990ern beliebte Bauchnabel-Piercing hervorragend zur Geltung. Im Gegensatz zu diesen körperbetonten Looks stand der Grunge-Look: Man sah häufig weit geschnittene Baggy Pants im Hip-Hop-Style, die zusammen mit T-Shirt, Oversize-Kapuzenpullover und Basecap getragen wurden. Beliebt war in den 1990er Jahren auch der Lagenlook: Lange Blusen, Pullover und Westen trug man so übereinander, dass die längere unter der kürzeren Schicht hervorschaute.

Der klassische Lagenlook muss bitte nicht noch mal zurückkommen, thanks.

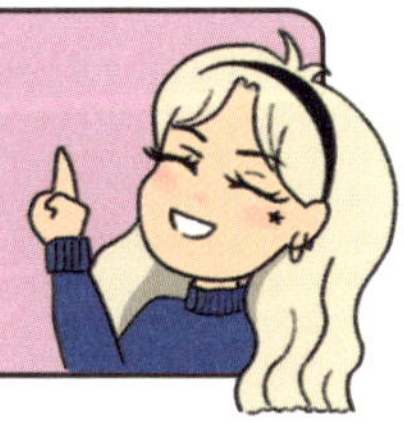

Nicht vorbei kam man ebenso an Accessoires wie der Tattoo-Kette, bunten Sonnenbrillen oder Perlenarmbändern in allen erdenklichen (Neon-)Farben.

Inspired by the 1990s

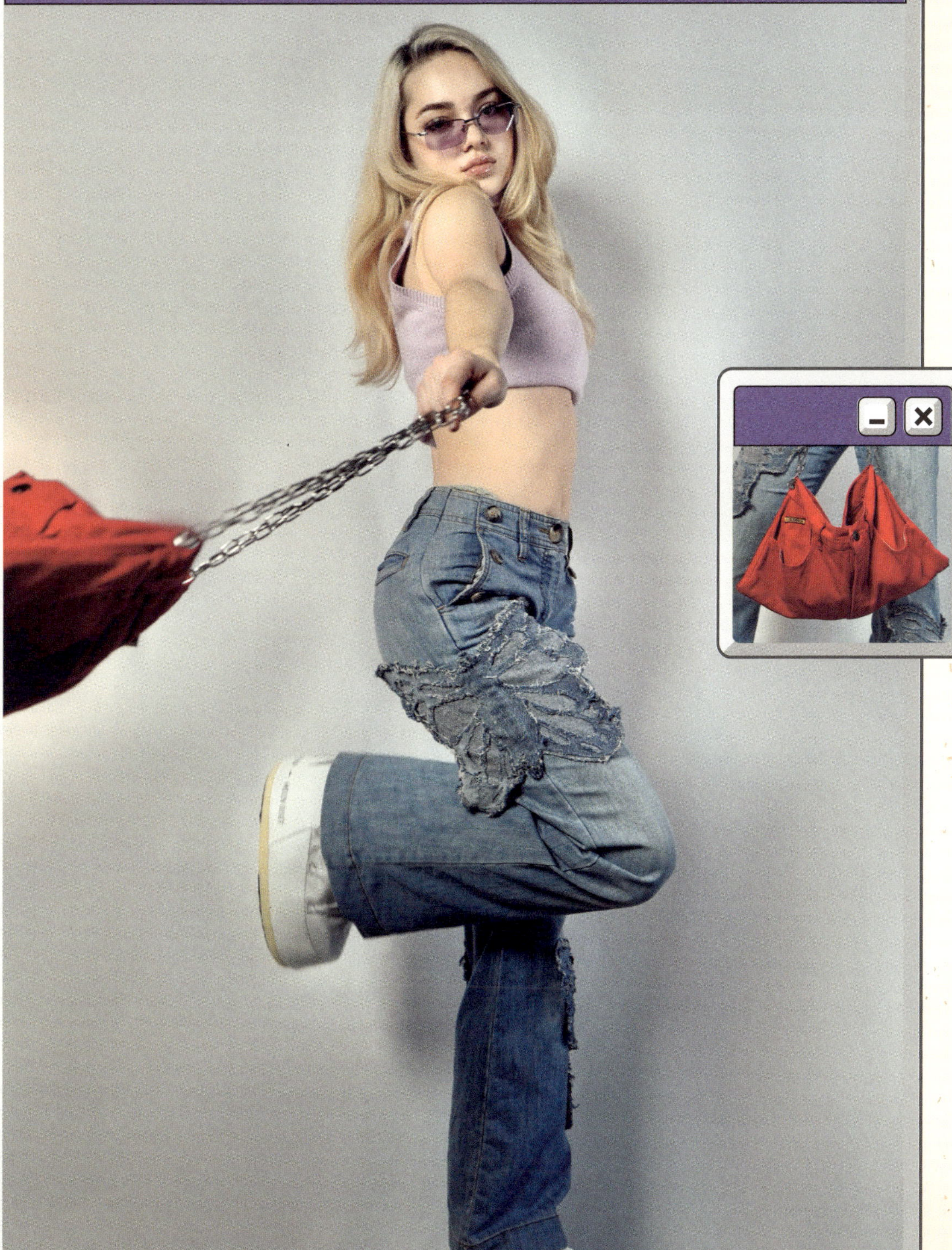

Fashion-Moodboard

DEINE MODISCHE COLLAGE IM 1990s STYLE

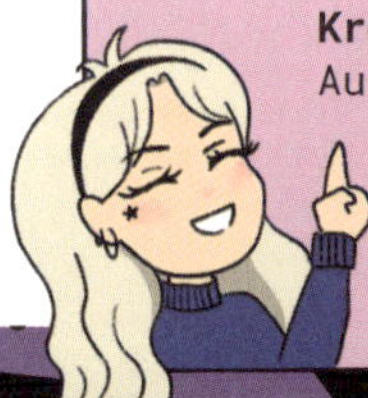

Kreiere ein Stimmungsbild!
Ausgedruckte Bilder und Fotos, Zeichnungen auf Klebezetteln, Textilien, Perlen und andere flache Dinge, die sich zum Aufkleben eignen: Hier ist Platz für alles, was in deinen Augen zur 1990s Style passt.

Design-Challenge

It's the 90s, baby! Designe einen casual Freizeit-Look, mit dem du mit deinen Besties shoppen gehen würdest. Big Inspo-Tipp: Clueless. ;)

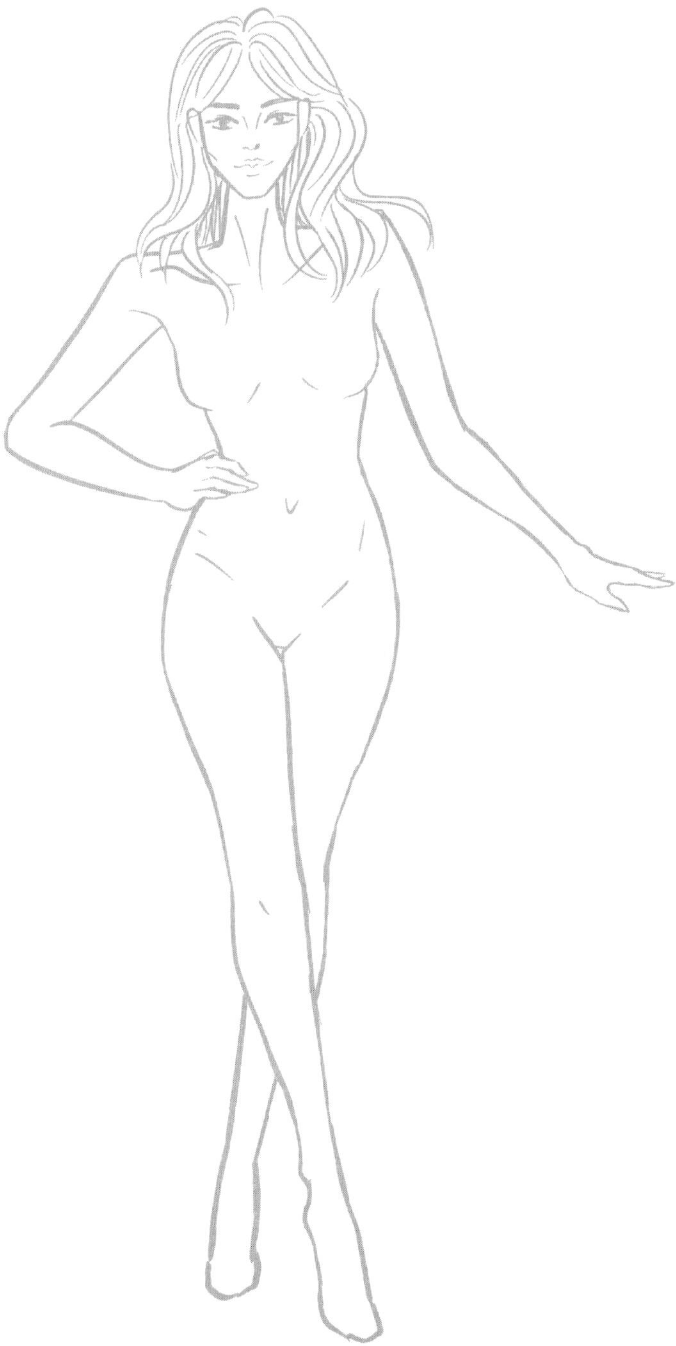

Reflexion

Hier hast du die Möglichkeit, über die Mode-Ära der 1990er Jahre sowie über deine Design-Challenge zu reflektieren. Welchen Style hast du für dich entdeckt, und was sagt das über dich aus? Schreib auf, was dir gefällt und was nicht.

Foto-Challenge

Stell ein nices Shopping-Outfit im Stil der 1990er Jahre zusammen. Bediene dich dafür an dem Stuff, der schon in deinem Kleiderschrank hängt. Oder du machst einen kleinen Trip in ’nen local Thrift-Store.
Hier ist Platz für ein Erinnerungsfoto:

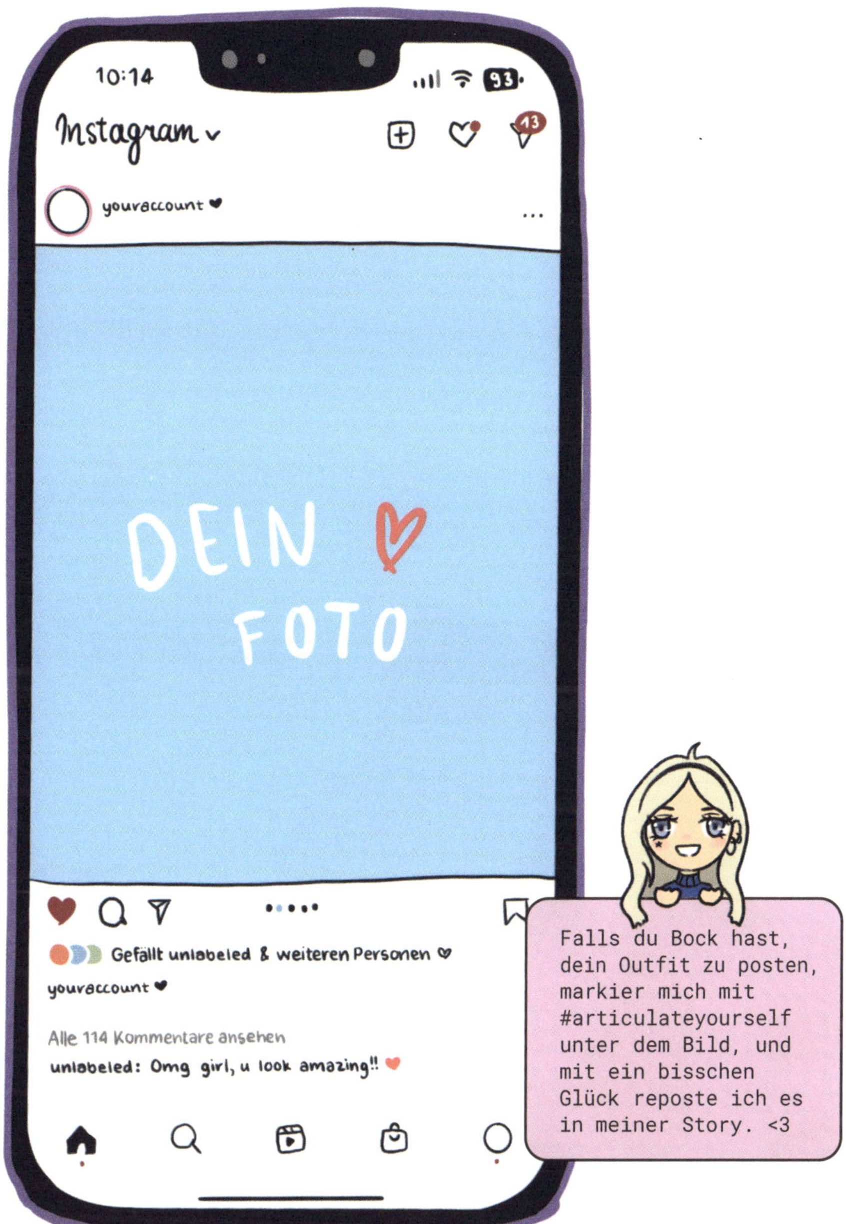

TUTORIALS

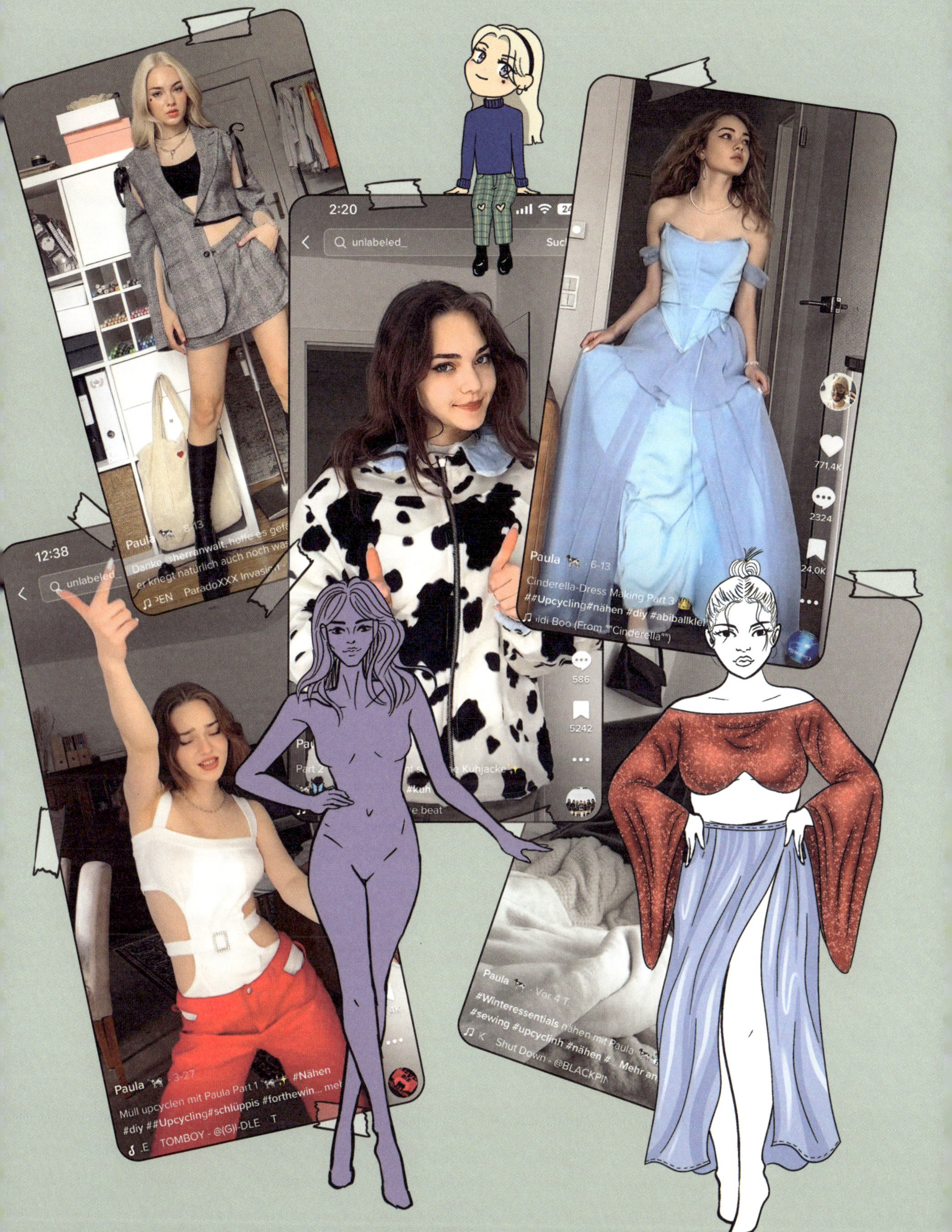
2:20
unlabeled_
Paula · 6-13
Cinderella-Dress Making Part 3
771,4K
2324
24,0K
586
5242
12:38
unlabeled
Paula · 3-27
Müll upcyclen mit Paula Part 1 #Nähen
#diy ##Upcycling#schlüppis #forthewin... mehr
TOMBOY - @(G)I-DLE
Paula · Vor 4 T.
#Winteressentials nähen mit Paula
Shut Down - @BLACKPI

So zeichnest du einen Körper

Skizzen-Tutorial

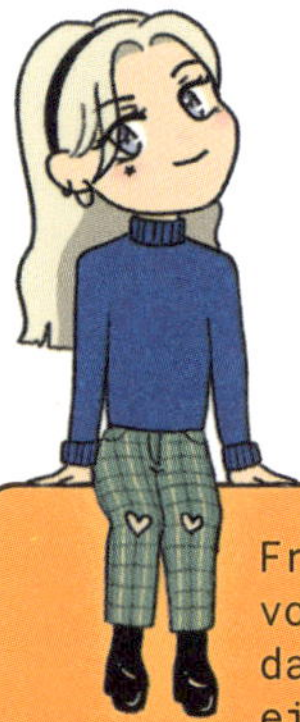

Früher habe ich mich immer vor Designskizzen gedrückt, da es mir nie gelungen ist, einen proportionalen Körper zu zeichnen. Über die Jahre hinweg habe ich mir allerdings eine Technik angeeignet, mit der auch du das Abbild jedes menschlichen Körpers zu Papier bringen kannst. <3

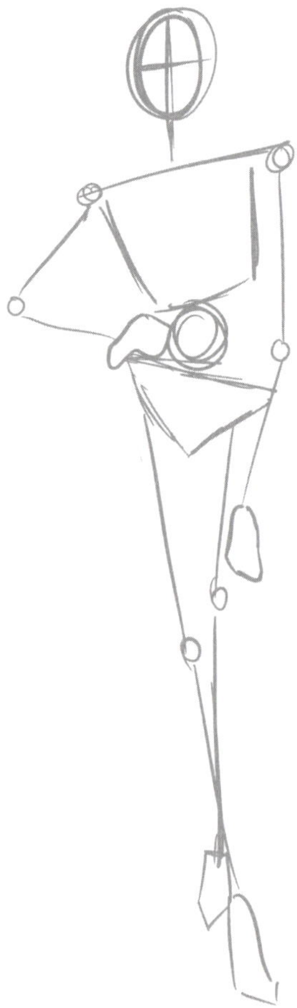

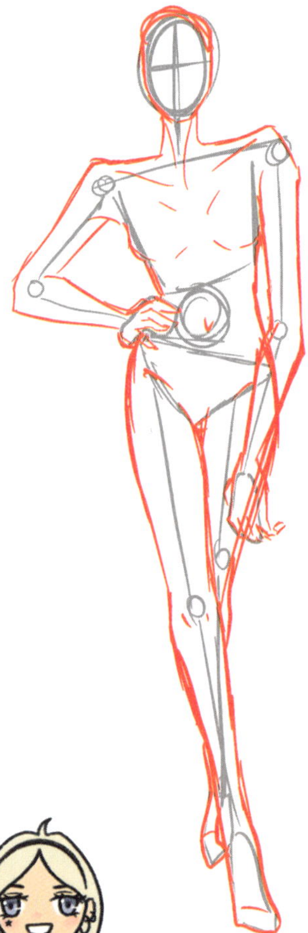

Ich beginne immer mit einfachen Formen, die den groben Aufbau des Körpers skizzieren und Bewegung schaffen. Dazu nehme ich mir am liebsten einen Bleistift in Stärke B zur Hand.
Tipp: Zeichne Gelenke (Schultern, Armbeugen, Knie) als Kreise, so kannst du ausgefallene Körperposen einfacher aufbauen.

Wenn du mit der groben Skizze zufrieden bist, kannst du anfangen, den Körper auszuarbeiten. Ziehe Linien um die Strichfigur, bis sich eine Gestalt daraus bildet.
Arbeite auch hier noch mit Bleistift, da du diese Vorarbeiten später wieder wegradierst!

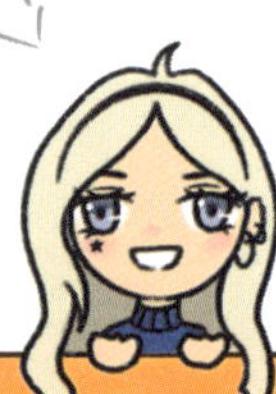

Was mir hierbei immer super hilft, ist ein Blick in den Spiegel. Dabei versuche ich, die gewünschte Pose nachzustellen. Manchmal mache ich davon sogar ein Foto und nehme dieses als Vorlage für die Proportionen.

Falls du Lust hast, kannst du jetzt noch Frisur und Gesicht skizzieren (ein paar Tipps dazu bekommst du ab Seite 130). Danach kannst du die Outlines ziehen. Dafür empfehle ich dir einen Fineliner, ich benutze meistens Stärke 0.3. Bei diesem Schritt solltest du dir am meisten Mühe geben und die Linien möglichst sauber zeichnen. :)

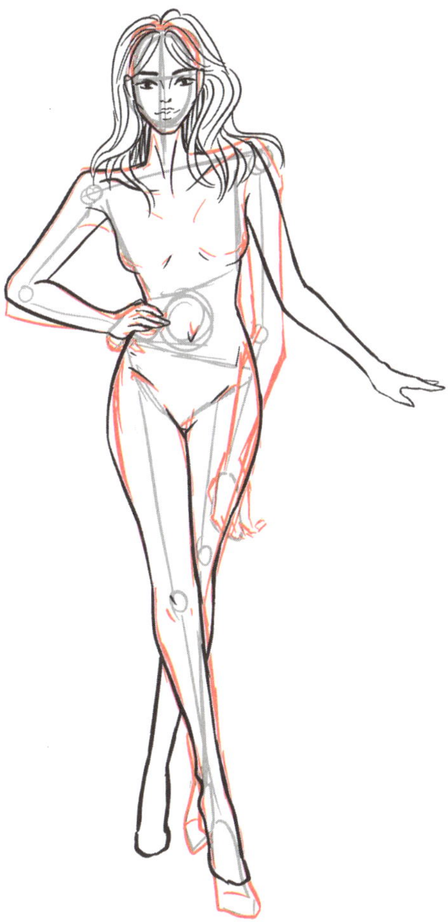

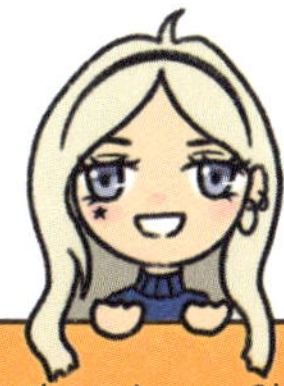

Wie man anhand meiner Skizze sehen kann, verändere ich bei der Fineliner-Arbeit nachträglich noch manche Details. Ich nenn das künstlerische Freiheit, als Anfänger würde ich dir aber empfehlen, dich erst mal an deine Skizze zu halten. <3

Nach fünf Minuten Trocknungszeit kannst du die Bleistiftlinien ausradieren und mit dem Fineliner noch ein paar Details, wie einzelne Haarsträhnen oder Linien, überarbeiten. And you are done!

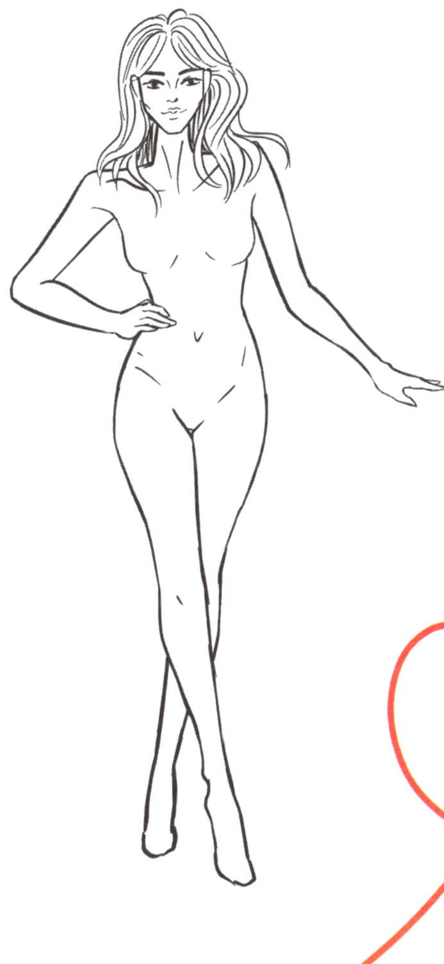

So zeichnest du Kleidung

Skizzen-Tutorial

Jetzt, da du ein Pro in Körperzeichnen bist, fehlen natürlich noch die Klamotten. ;) Um diese so plastisch und natürlich wie möglich wirken zu lassen, gibt es ein paar Tipps und Tricks, die du beachten solltest!

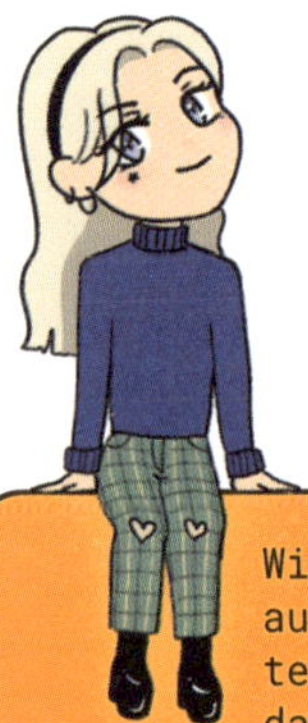

Wie bei der Körperskizze auch, fängst du hier am besten wieder mit Bleistift an, damit du hinterher alles wegradieren kannst. So musst du auch erst mal nicht allzu exakt arbeiten. ;)

Grundriss zeichnen
Konzentrier dich zunächst auf den groben Aufbau des Kleidungsstücks und zeichne die Umrisse. Versuche, dabei so wenig gerade Linien wie möglich einzubauen, um den Stoff so natürlich wie möglich darzustellen (außer, es gehört zum Look!).

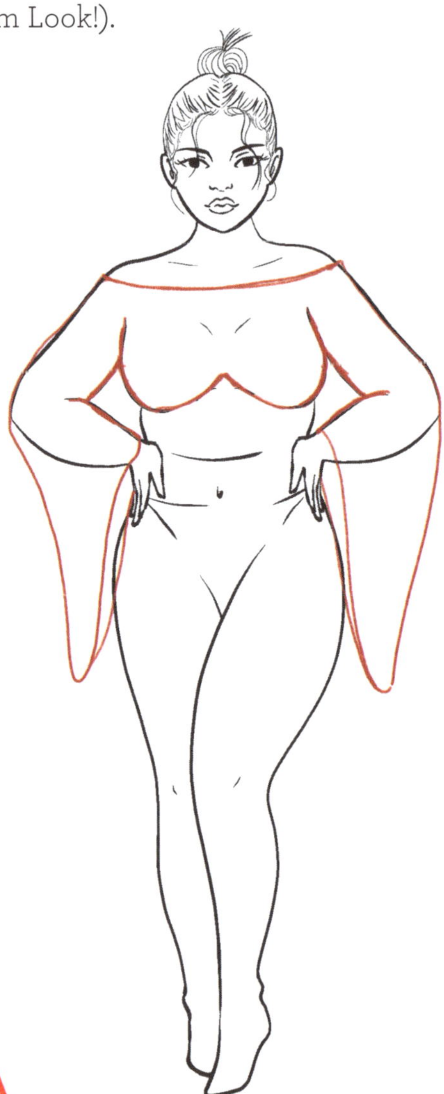

Faltenwurf andeuten

Nun geht's ans Eingemachte – die Falten. Richtig eingesetzt, lassen sie das Gesamtbild superprofessionell wirken. Die Devise hier: Weniger ist mehr! Fang an einem Punkt des Kleidungsstückes an und zeichne mit ein paar Pfeilen an (again: Bleistift verwenden!), in welche Richtung der Faltenwurf Sinn ergibt.

Falten einzeichnen

Mit ein paar leichten Strichen aus dem Handgelenk, mal kürzer, mal länger, kannst du die Falten nun andeuten. Achte darauf, nicht zu viele davon zu skizzieren, sonst kann die Zeichnung schnell unrealistisch anmuten.

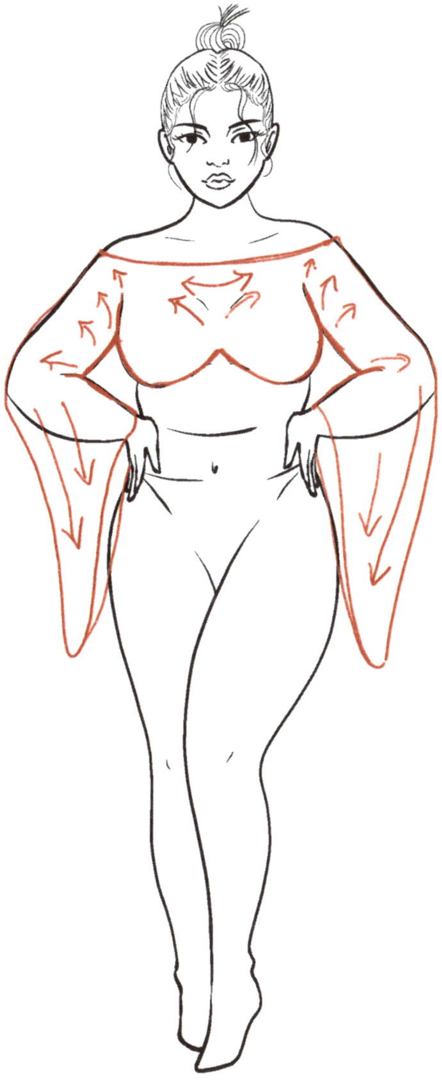

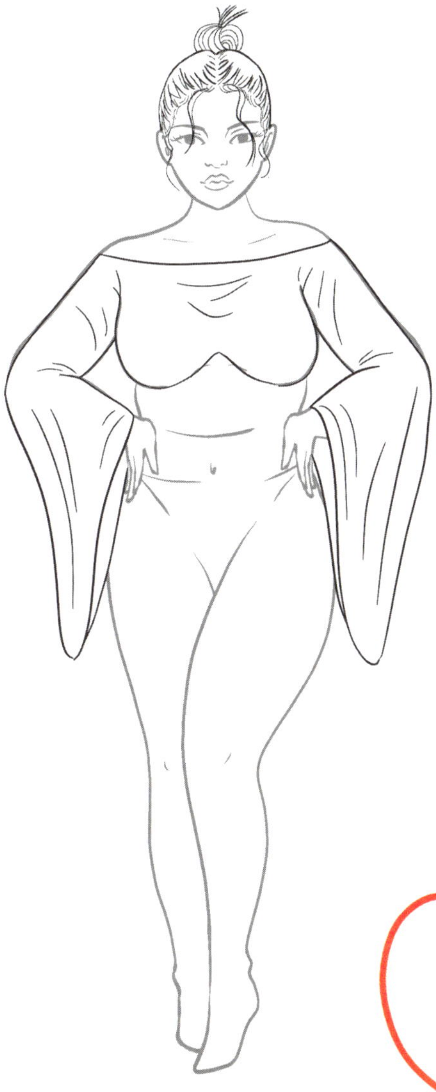

Falten bei Röcken und Kleidern

Bei langen, fließenden Stoffen kannst du dich besonders austoben. ;)

Fang am Bund mit dem Skizzieren der Falten an, und lass diese zur Mitte nach unten auslaufen. Am Saum kannst du einfach random Wellenlinien einzeichnen, von welchen du ebenfalls nach oben hin zur Mitte zulaufend Falten einzeichnest. Vergewissere dich hierbei, dass du größere Abstände als am Bund wählst, da der Stoff nach unten hin »weiter« wird.

Jetzt kannst du noch einige von oben nach unten durchlaufende Falten setzen (denk dran, keine geraden Linien zu zeichnen!), die sich mit den Falten verbinden. Um alles noch etwas plastischer aussehen zu lassen, kannst du bei der Wellenlinie abschließend ein paar kleine Striche einbauen. Die können jetzt tatsächlich gerade sein!

Details nicht vergessen

Um dein Design noch mehr strahlen zu lassen, vergiss die Details nicht! Kleine Knöpfe, Schnallen oder auch angedeutete Nähte mit gestrichelten Linien werten dein Design optisch deutlich auf. Zudem kannst du mit der Strichstärke deines Fineliners oder Bleistifts variieren, um die Zeichnung etwas lebendiger zu gestalten.

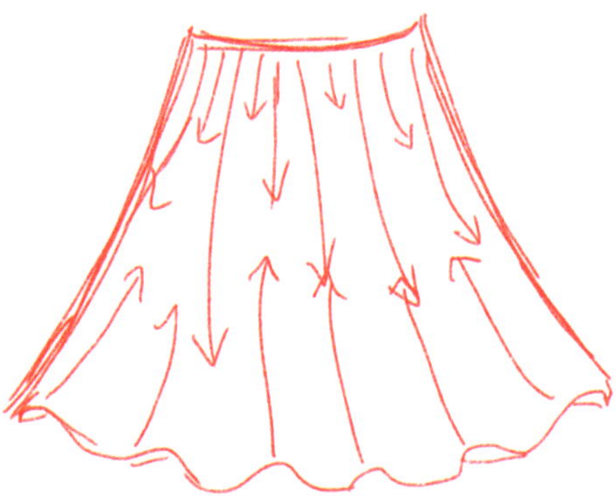

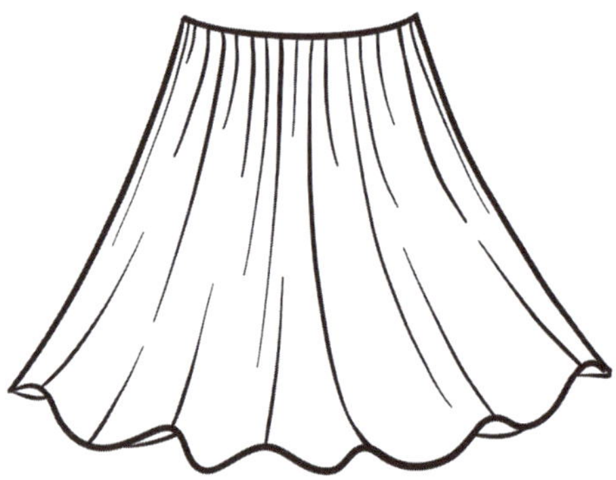

Bring Farbe ins Spiel!

Für eine ausdrucksstarke Zeichnung fehlt noch ein entscheidender Part: Erst die Farben sowie Schatten- und Lichteffekte machen dein Werk so richtig komplett.

Für einfarbige Stoffe suche ich mir meist drei bis vier Farbnuancen aus. Beginne mit der hellsten Farbe und male das gesamte Teil aus. Mit den dunkleren Shades setzt du Schatten, vor allem dort, wo ein Faltenwurf vorliegt.

Beachte: Je dunkler die Farbe, desto kleiner die bemalte Fläche. Zum Schluss kannst du noch mit einem weißen Gel-Liner Highlights setzen. <3

Falls du einen gemusterten Stoff malen willst, konzentriere dich erst auf das Muster, ohne auf den Faltenwurf zu achten. Danach kannst du die Falten mit einem weichen Bleistift oder einem grauen Marker darüber schattieren.

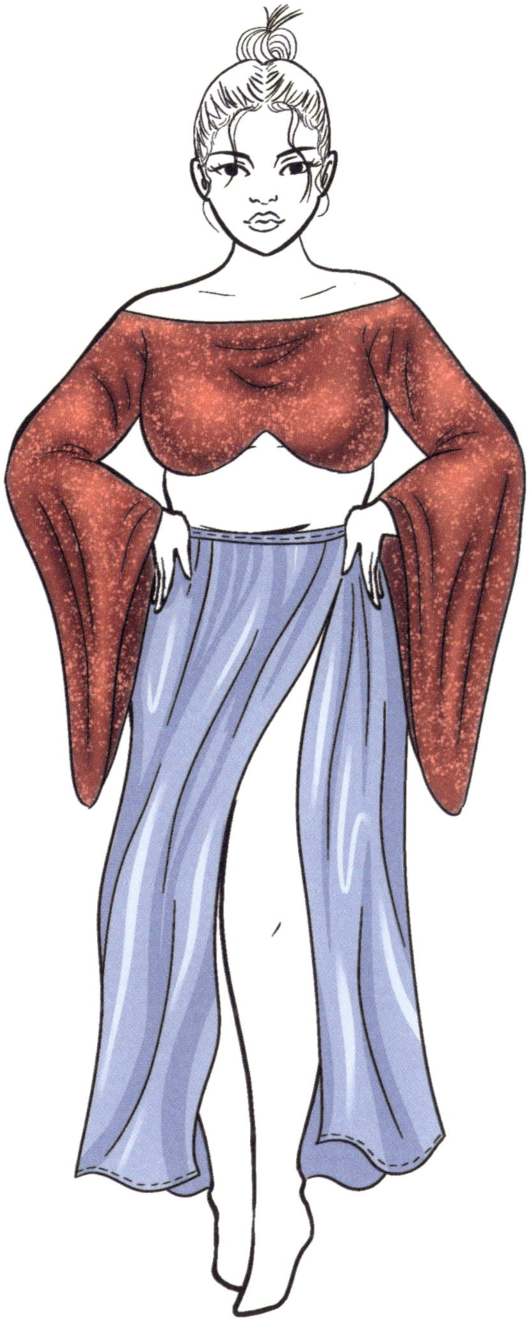

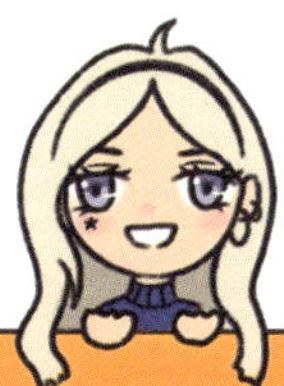

Meine Favourite-Stifte zum Ausmalen meiner Modezeichnungen sind Copic Marker. I know, die Dinger sind nicht gerade günstig, aber ich habe meine jetzt schon seit ungelogen sieben Jahren, und sie sind noch nicht ausgetrocknet. Natürlich gibt es aber auch kostengünstigere Alternativen auf Alkoholbasis. ;)

So zeichnest du Gesichter und Frisuren

Skizzen-Tutorial

Ich bin ganz ehrlich: Haare und Gesicht lasse ich bei meinen Modezeichnungen oft weg. Diese Attribute helfen allerdings dabei, dein Design noch besser zum Ausdruck zu bringen. Außerdem solltest du dir – vor allem als professionelle*r Designer*in ;) – immer Gedanken darüber machen, welche Frisur und welches Make-up die Models auf dem Runway tragen würden.

Paulas Pro-Tipps für symmetrische Gesichter

Starte mit Hilfslinien

Zeichne zuerst ein eierförmiges Oval, und dann kommen auch schon die Hilfslinien ins Spiel: eine senkrechte in der Mitte und zwei waagerechte an der oberen und unteren Hälfte des Ovals.

Skizziere Augen, Mund und Nase vor

Zwischen den beiden waagerechten Linien platzierst du zwei mandelförmige Augen mit zwei schwarzen Punkten in der Mitte. So zeichne ich sie zumindest immer. Achte darauf, dass die Augen im gleichen Abstand zueinander platziert (orientiere dich an der Mittellinie) und möglichst gleich groß sind.

Die Nase wird nur leicht angedeutet. Ungefähr auf Augenhöhe kannst du noch ein paar Ohren skizzieren.

Nicht die Augenbrauen vergessen! ;) Unten auf der Senkrechten platzierst du jetzt mittig den Mund. Du musst ihn nicht ganz ausformen, es ist ja immer noch eine Modeskizze. ;)

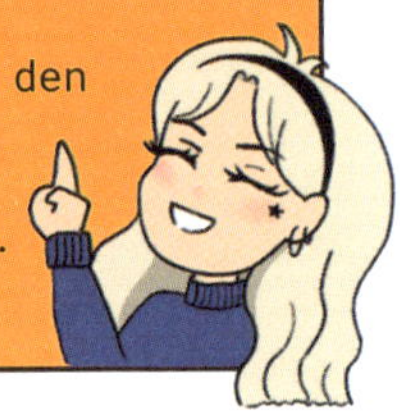

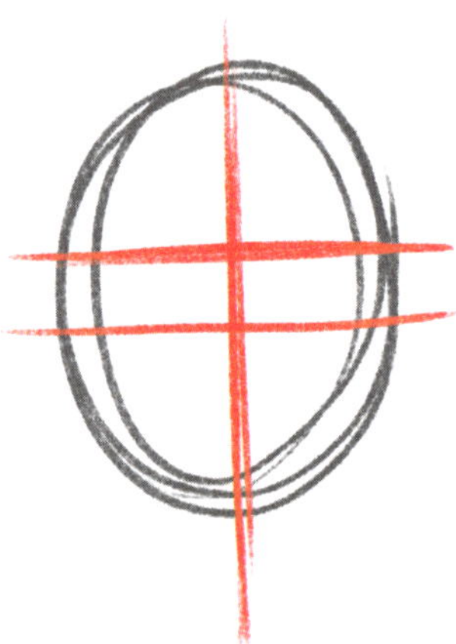

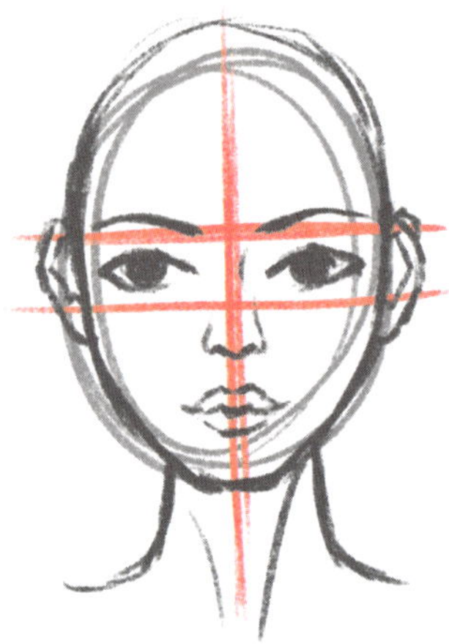

Paulas Pro-Tipps für effortless-looking Hair

Entscheide dich für einen Hair-Style

Jetzt geht's an die Haare! Häufig probiere ich die Frisur erst mal selbst an mir aus und betrachte mich in einem Spiegel, bevor ich sie anzeichne. Oder du schaust einfach mal auf Pinterest, und lässt dich da von sweeten Looks inspirieren.

Lasse Haare weicher und realistischer aussehen

Das Geheimnis, Haare auch in einer Skizze »echt« aussehen zu lassen, ist zum einen dein Zeichenwerkzeug und zum anderen, mit welcher Leichtigkeit du die Striche setzt. Ich empfehle dir für Haarzeichnungen vor allem einen weichen Bleistift oder einen Fineliner. Achte darauf, nicht zu sehr aufzudrücken, sondern eher mit leichten Bewegungen aus deinem Handgelenk zu zeichnen. Außerdem solltest du am besten keine ganz geraden Linien einbauen: Haare sind in der Regel, selbst wenn sie komplett glatt sind, nicht strichgerade, am Ende sollte es nach einer organischen Bewegung aussehen.

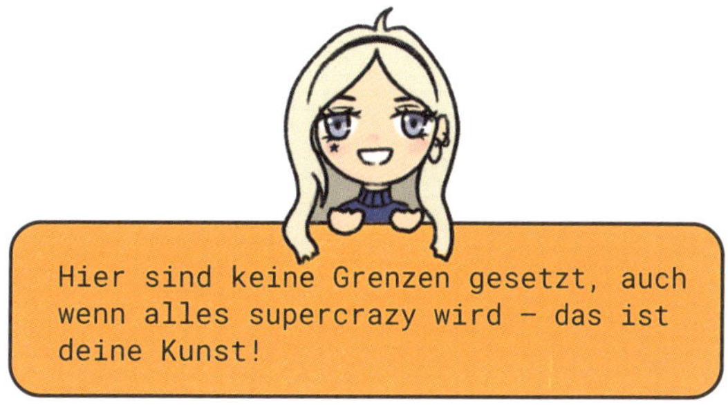

Bring Farbe ins Spiel

Passend zum skizzierten Outfit fehlt jetzt noch der passende Make-up-Look und natürlich eine wilde (oder auch weniger wilde) Haarfarbe. Entweder du färbst komplett Haut und Haar ein, oder du deutest Lidschatten, Blush und Lippenstift sowie die Haarfarbe nur leicht an.

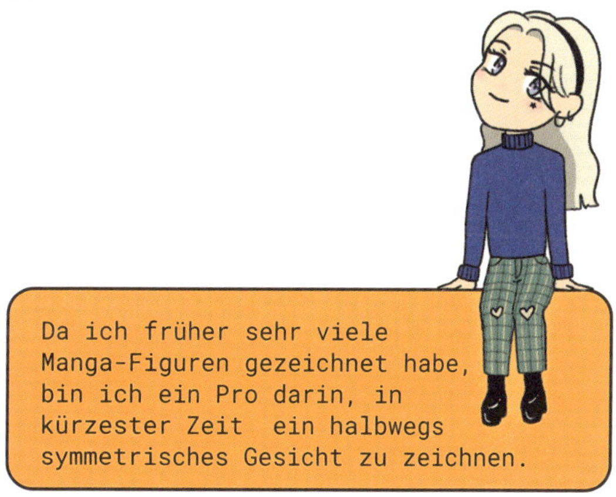

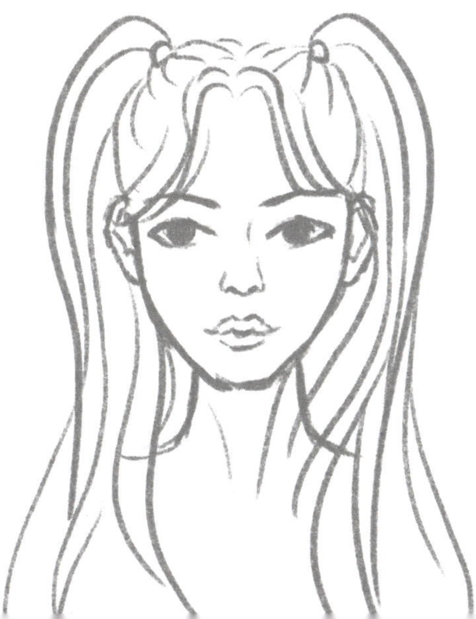

Tasche aus alter Hose nähen

NÄH-TUTORIAL FÜR EINSTEIGER*INNEN

Du brauchst:

- alte Hose
  (am besten eignet sich hierfür eine kurze Jeanshose)
- Stoffkreide/Filzstift
- Lineal
- Stoffschere
- Nähmaschine
- 2 Ösen und -werkzeug
- Metallkette

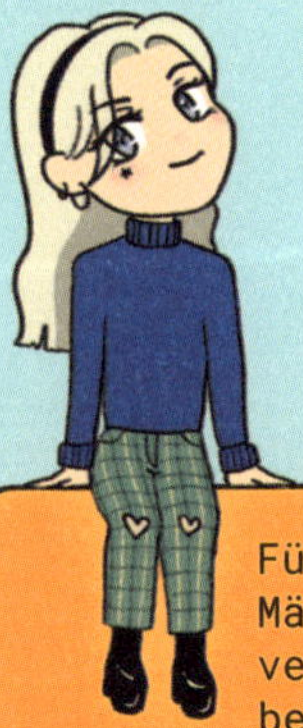

Für meine fortgeschrittenen Mäuse: Falls du einen Reißverschluss in der Tasche haben möchtest, wäre das jetzt der nächste Step. Einfach die abgeschnittene Hose auf links drehen und im Hosenbund einnähen. ;)

Hier ist das absolut perfekte Projekt für alle meine Beginners (oder Fortgeschrittenen, die Bock auf ein schnelles Upcycling-DIY haben): eine Baguette-Bag in zehn Minuten!

Step 1

Knapp unterhalb des Hosenschrittes ziehst du mit deiner Stoffkreide oder einem Filzstift eine Linie. Mit einer Stoffschere schneidest du die Hosenbeine entlang der Markierung ab.

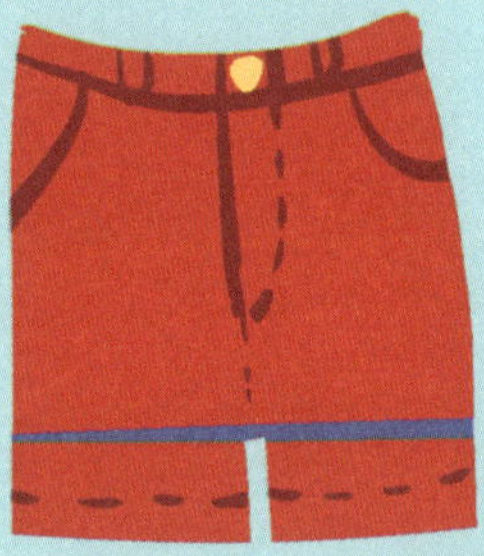

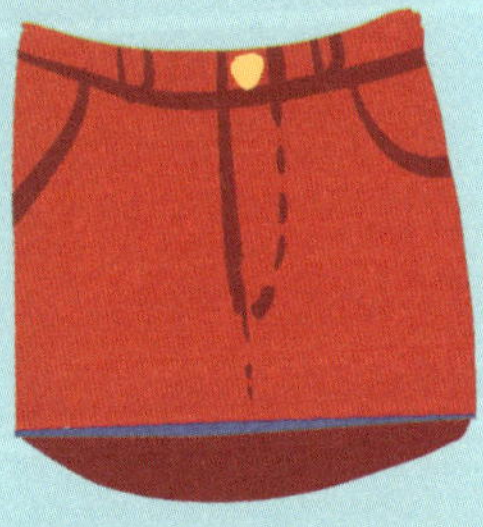

Step 2
Jetzt stülpst du das Ganze nach innen um. Für diese Tasche brauchst du nur eine einzige Naht: Nähe die Vorder- und Rückseite der Hose an der unteren Kante zusammen.

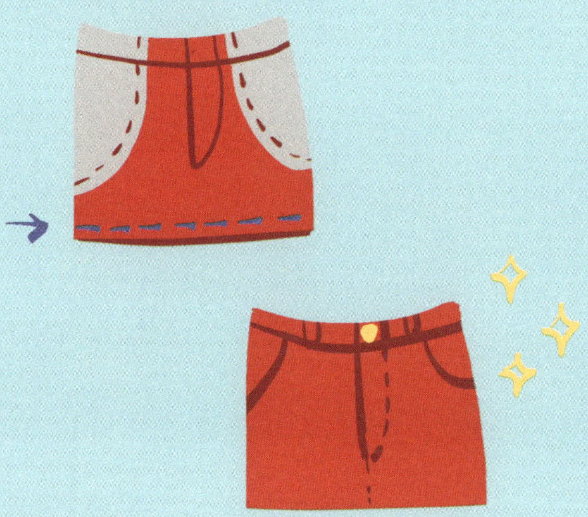

Step 3
Jetzt benötigst du die Ösen und das dazugehörige Werkzeug. Zeichne dir auf beiden Seitennähten der Hose einen kleinen Punkt an. Mit der Stoffschere schneidest du dort kleine Kreuze ein und bringst die Ösen an.

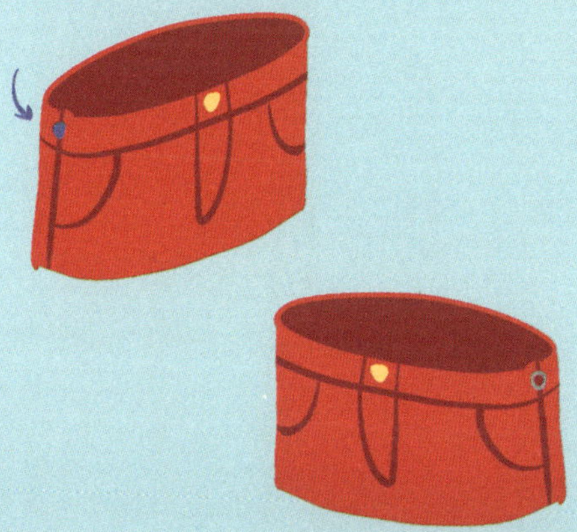

Step 4
Mit Hilfe einer Zange biegst du ein Glied der Metallkette auf. Je nach gewünschter Tragelänge kann die Kette noch gekürzt werden. Nun kannst du die Metallkette durch beide Ösen fädeln und die Taschenträger anschließend wieder mit der Zange verschließen.

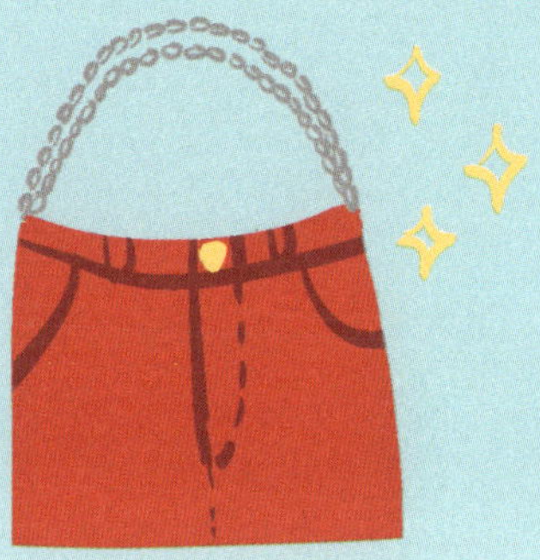

Et voilà, eine wunderschöne, iconic Tasche, die du zu jedem Outfit stylen kannst!

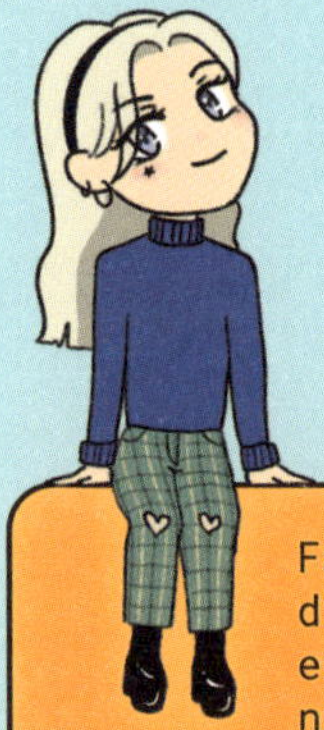

Hosen anpassen

Näh-Tutorial für Einsteiger*innen

Falls du eine Hose mit dickem Stoff, zum Beispiel eine Jeans, umnähst: Vergiss nicht, bei deiner Nähmaschine eine Jeansnadel einzusetzen, bevor es gleich ans Nähen geht!

Eines der praktischsten Dinge, wenn man nähen kann: Hosen anpassen. Du kennst es bestimmt auch: eine auf Anhieb perfekt sitzende Jeans finden? Painnn. Wenn der Po reinpasst, dann ist die Hose an der Taille viel zu weit, da hilft oft selbst ein Gürtel nicht mehr. Genauso ein Struggle ist es, wenn die Hosenbeine viel zu lang sind.
Das klingt nach einem Problem, das dir nur allzu bekannt vorkommt? Dann habe ich hier die besten Methoden für dich, um wirklich JEDE Hose anzupassen!
Disclaimer: Für alle Methoden brauchst du eine Hose, in die wenigstens dein Booty reinpasst. ;)

Methode 1.) Abnäher an den Seiten
Perfekt geeignet für Hosen, die am Bund ca. 15 bis 20 cm zu groß sind.

Halte am hinteren Bund oder an den Seiten einfach den überschüssigen Stoff ab, so dass du noch bequem sitzen und atmen kannst. Miss dann ab, wie viel absteht, und multipliziere es mit 2 (hier 10 cm x 2 = 20 cm).
Wende die Hose auf links und zieh sie an. Jetzt teilst du deine Messung an überschüssigem Stoff (hier 20 cm) durch 4 und steckst diesen Wert (hier 5 cm) links und rechts oben am Bund, also bei deiner Taille, ab.
Um einen schönen Übergang zur bereits vorhandenen Seitennaht zu schaffen, nimmst du dir deine Schneiderkreide und markierst den überstehenden Stoff nach unten entlang deiner Oberschenkel. Jetzt kannst du die Hose ausziehen, die gezeichnete Linie etwas korrigieren, so dass sie clean in die Seitennaht verläuft, und mit Stecknadeln abstecken.

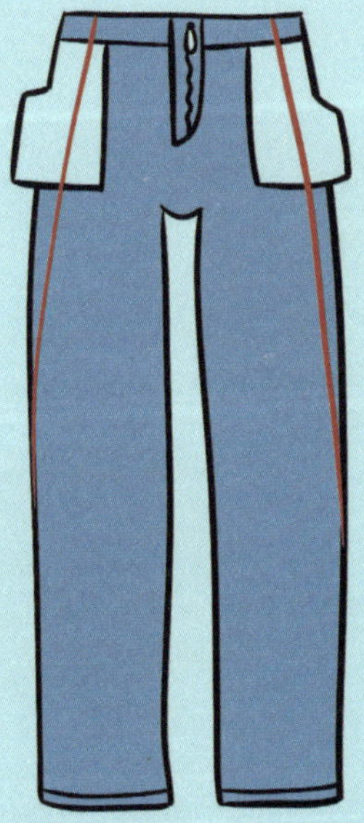

Jetzt nähst du die beiden abgesteckten Linien links und rechts nach unten ab. Wenn du fertig bist, kannst du die Hose wieder auf rechts wenden und anprobieren. Falls etwas noch nicht zu hundert Prozent deinen Vorstellungen entspricht, kannst du sie noch mal wenden und drübernähen, bis es passt.
Bist du mit dem Ergebnis zufrieden, kannst du deine Abnäher von außen für den Perfektionismus topstichen. Dafür drehst du die Hose auf rechts, fängst wieder beim Bund an und nähst ca. 25 cm nach unten auf der von dir kreierten Seitennaht. Et voilà!

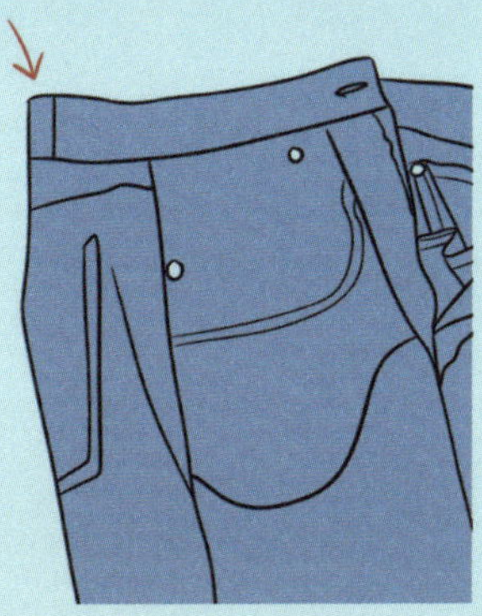

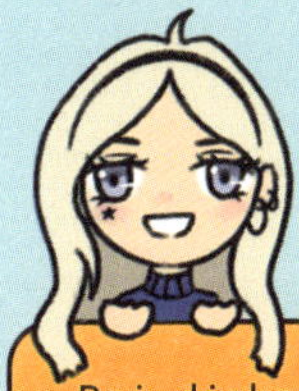

Bei dicken Stellen kann es sein, dass deine Nähmaschine den Geist aufgibt, und du im schlimmsten Fall die Nadel brichst. Deshalb: Benutz das Handrad, vor allem für den Bund. So nähst du manuell und hast ein viel besseres Gefühl für Stellen, wo die Nadel eventuell nicht durchkommt. Im schlimmsten Fall musst du die Nähfüßchen anheben, ein paar Millimeter weiter ansetzen und mit dem Handrad weiternähen.

Methode 2.) Abnäher hinten oder vorne

Perfekt geeignet für Hosen, die nur ein wenig zu groß sind, also ca. 5 bis maximal 15 cm. Hierfür nimmst du ausschließlich Stoff am Bund weg. Man kann es also auch als Detail sehen. ;)

Zuerst wendest du die Hose auf links. Egal, ob du die Abnäher hinten oder vorne machst, du orientierst dich immer an der Schrittnaht. Von dieser bewegst du dich am Bund jeweils im gleichen Abstand nach links und rechts, so dass dir die Position der Abnäher gefällt. Normalerweise versucht man, sie relativ mittig zu setzen.
Wenn du diesen Punkt gefunden hast, faltest du den Bund an dieser Stelle, misst wieder 1/4 von deinem abzunehmenden Wert ab und nähst vertikal vom oberen bis unteren Ende des Bundes ab.

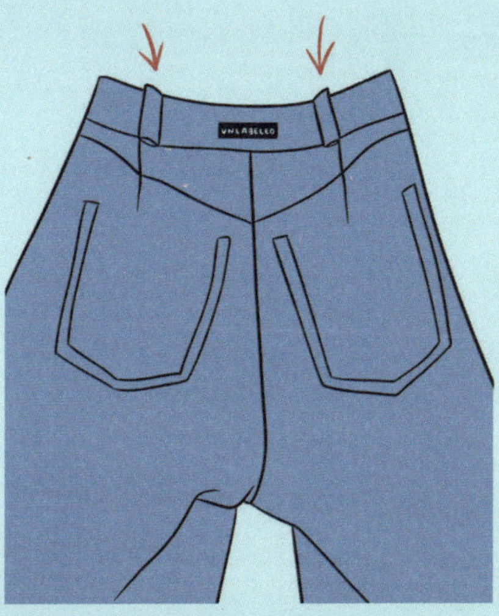

Das Ganze auf beiden Seiten, und schon bist du fertig!

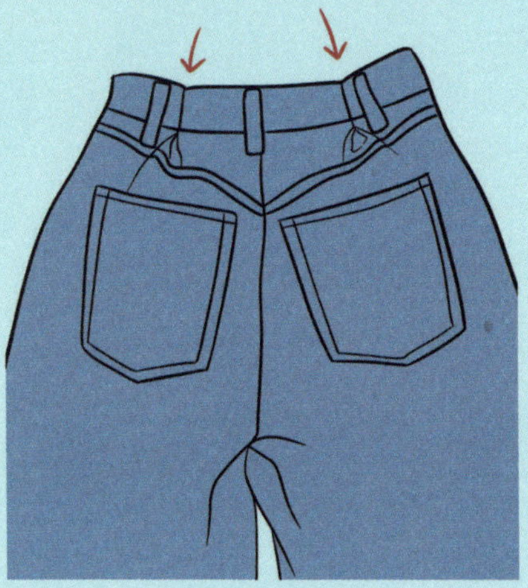

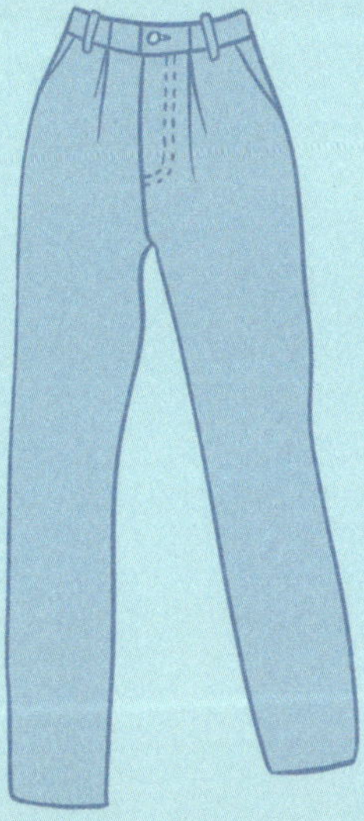

3. Hose kürzen

Die Hose passt obenrum perfekt, aber die Länge stimmt nicht? Keine Sorge, das ist die absolut einfachste Änderung. Zuerst musst du die Hose anziehen und abmessen, wie viel Stoff wegmuss. Beim Abschneiden den 1 cm Nahtzugabe nicht vergessen!

Den abgeschnittenen Teil darfst du nicht wegwerfen, sondern musst den Hosensaum, also die vernähte Stoffkante, (wieder mit 1 cm-Nahtzugabe) abschneiden und rechts auf rechts an die abgeschnittenen Hosenenden nähen.

Alternativ: Hose unten ausfransen oder Bund zweimal umklappen (dafür brauchst du 2 bis 3 cm Nahtzugabe) und mit Geradstich 1 cm vom Rand entfernt abnähen.

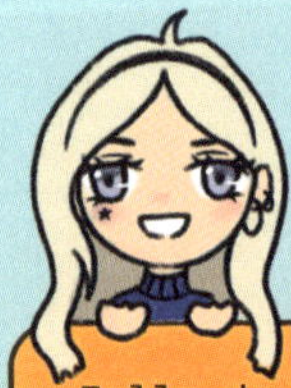

Falls du zum Beispiel eine sehr große Hose gethriftet hast, und der Überschuss größer als 25 cm ist, kannst du die beiden Methoden auch gleichzeitig anwenden!

4. Hose verlängern

Wir können natürlich nicht zaubern und den Stoff auf magische Weise verlängern. Deshalb ist hier Kreativität gefragt.

Eine Möglichkeit wäre, einen ähnlichen Stoff einer alten Hose zu benutzen oder zu kaufen und diesen an die Enden anzusetzen. Dazu musst du zuerst wieder abmessen, wie viel Stoff fehlt, und einen Streifen aus deinem neuen Stoff ausschneiden, der so lang ist wie der Umfang des Hosenendes und so breit wie die fehlende Länge. Den Streifen nähst du an den kurzen Seiten zu einem Schlauch rechts auf rechts zusammen und versäuberst die untere Kante. Jetzt musst du dieses Gebilde nur noch mit der oberen Kante rechts auf rechts an das Ende deiner Hosenbeine nähen, umschlagen – and you are done.

Oder du verwendest die gleiche Methode, nimmst dir aber einen dekorativen Stoff, der die Hose optisch noch mal aufwertet. ;)

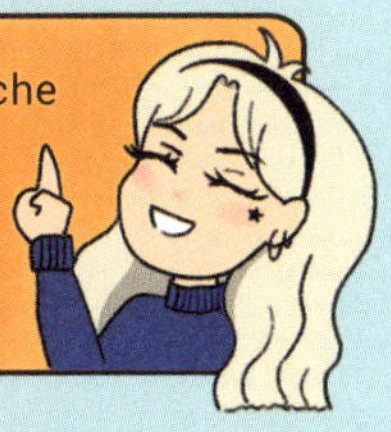

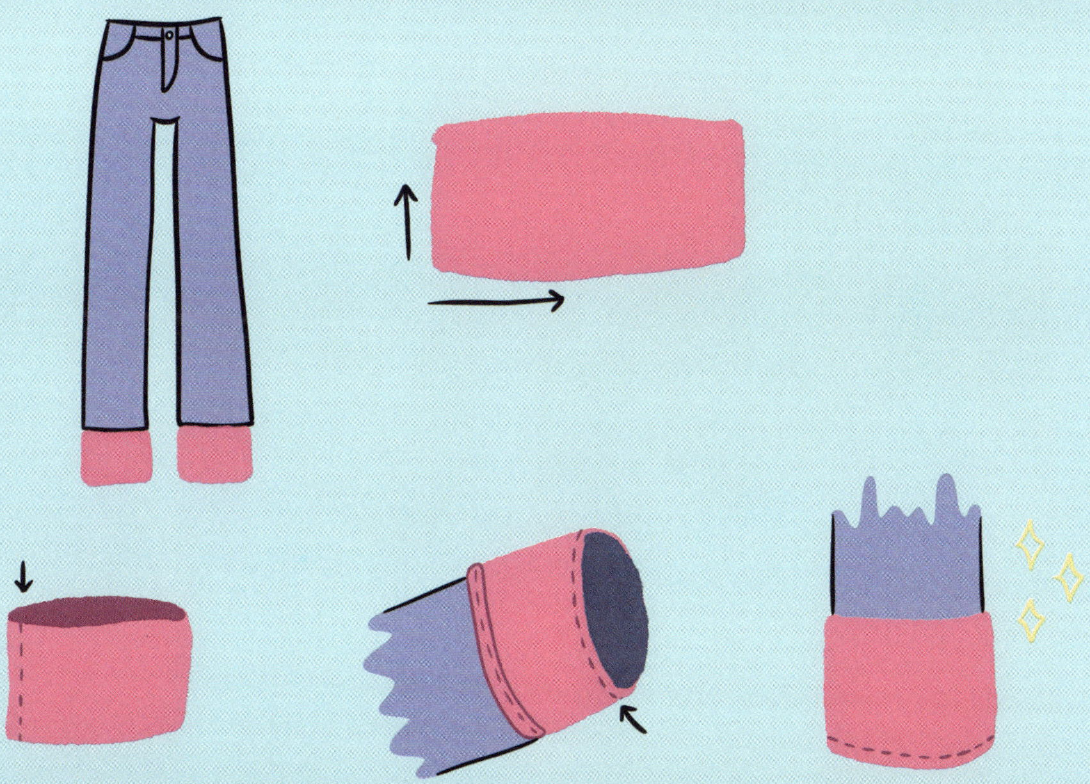

Deckenpulli

Näh-Tutorial für Einsteiger*innen

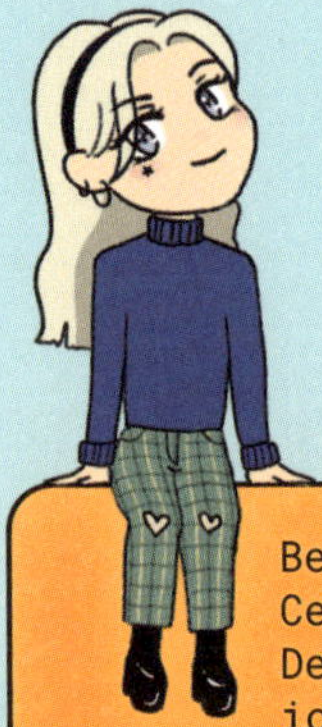

Bei gefühlt minus 10.000 Grad Celsius geht bei mir ohne Decke gar nichts. Deshalb habe ich mir für kalte Wintertage aus einer alten Decke einen flauschigen Pulli genäht. Das willst du auch? Here you go!

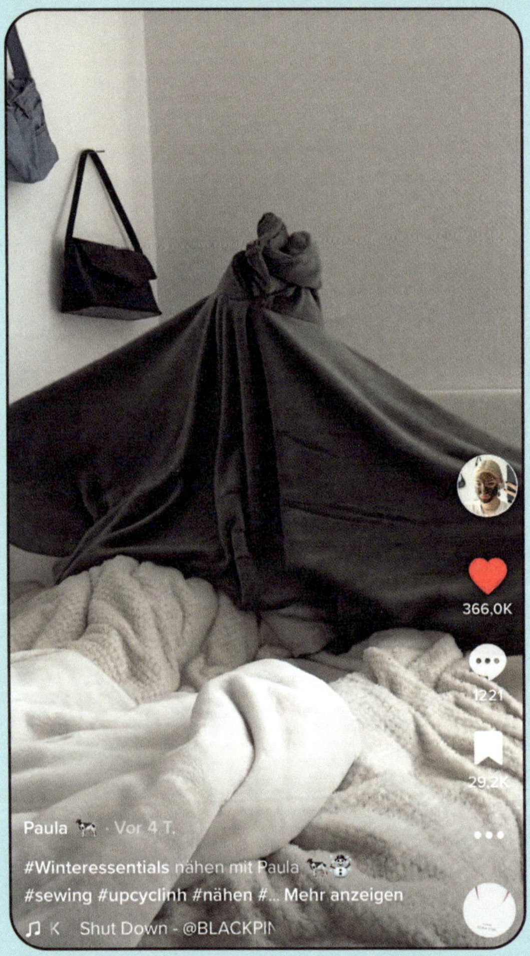

Du brauchst:

- alte, mindestens 2 x 1 Meter große rechteckige Kuscheldecke
- Stoffschere
- Stoffkreide
- Nähmaschine
- Kapuzenpulli als Vorlage

Step 1:
Zuerst musst du die Decke zweimal diagonal falten, so dass ein Dreieck entsteht.

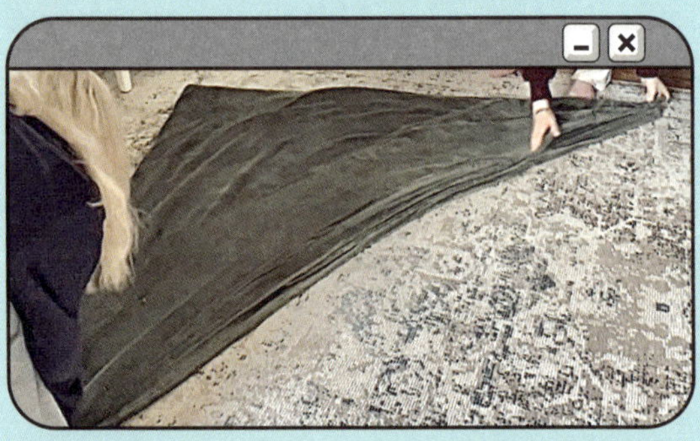

Die lange Kante des Dreiecks liegt jetzt senkrecht zu dir. Nun schneidest du eine Kurve, beginnend von der oberen Kante des Dreiecks bis nach unten zur Spitze und zusätzlich noch einen kleinen Viertelkreis (≈ 7 cm Durchmesser) an der oberen Ecke.

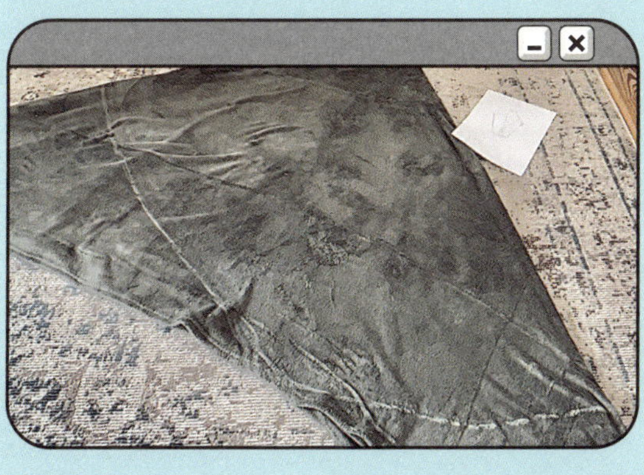

Tipp: Die obere Kante des Dreiecks beschreibt deine Armlänge. Leg dich also mal probeweise auf den Bruch und streck deinen Arm zur Seite. ;)

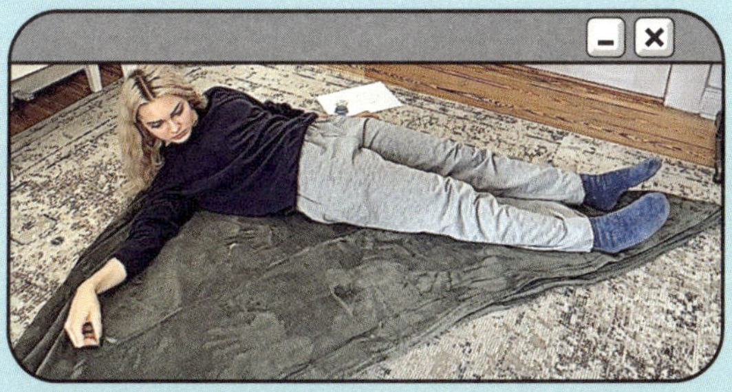

Step 2:

Diesen doppelt gefalteten Zuschnitt faltest du in der Mitte auf. Du erhältst einen unförmigen, leicht spitz zulaufenden Halbkreis. Jetzt kannst du die Seiten ca. 25 cm unter der gefalteten Seite versäubern und zusammennähen.

Achtung: Unten muss für deine Beinfreiheit eine relativ große Öffnung bleiben, also die Seiten wirklich nur links und rechts zusammennähen!

Step 3:

Den Stoffrest kannst du für die Kapuze verwenden. Dafür legst du die Kapuze eines anderen Pullis als Vorlage zur Hälfte gefaltet flach auf den ebenfalls einmal gefalteten Deckenstoff, paust den Umriss ab und schneidest ihn mit 1,5 cm Nahtzugabe aus.

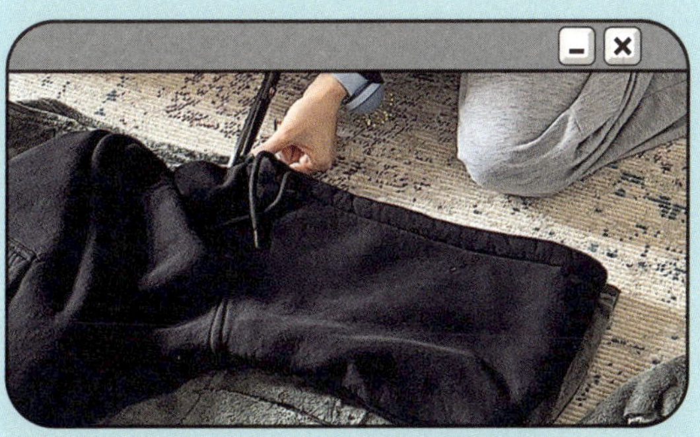

Step 4:

Nähe die Kapuzenhälften wieder zusammen und versäubere die Nahtkante. Jetzt wird die Kapuze rechts auf rechts in das kleine Ausschnittloch genäht. Alle restlichen Kanten versäubern, and that's it!

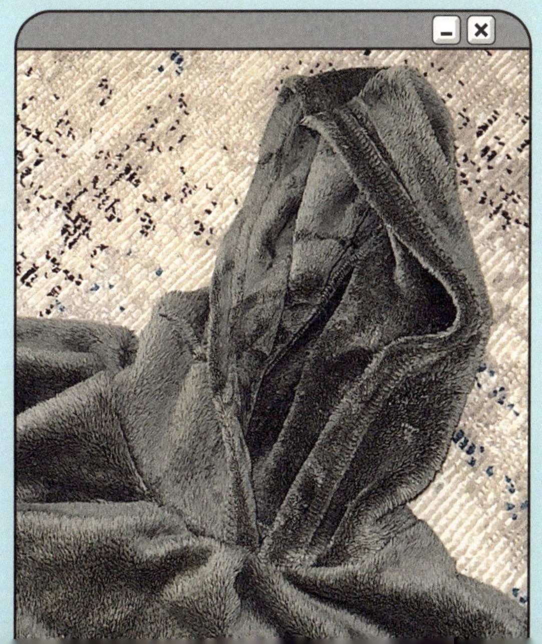

Unterhosenbody

Näh-Tutorial für Fortgeschrittene

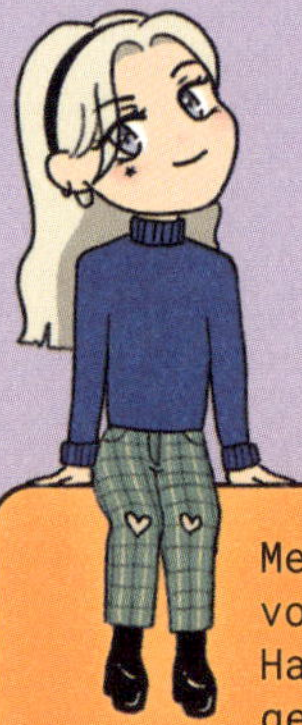

Meine Mutter hat meinem Vater vor einiger Zeit mal eine Handvoll zu kleiner Unterhosen gekauft, die er nie getragen hat. Aber wer sagt, dass die Dinger jetzt unbrauchbar sind? Falls du auch ein paar alte Schlüppis hast, die du nicht mehr anziehst, machen wir da jetzt zusammen »Kunst« draus. :)

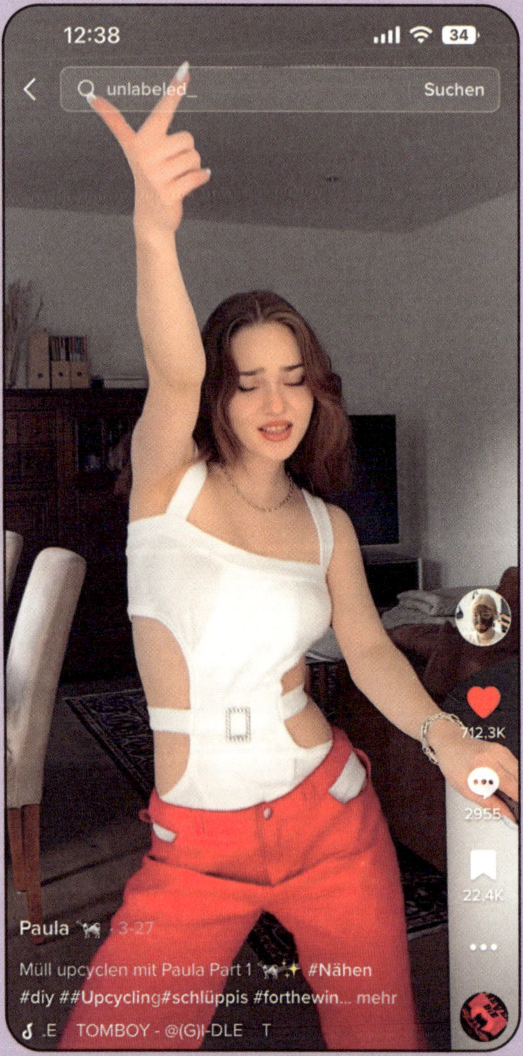

Du brauchst:

- drei bis vier Boxer-Briefs (eng anliegende, halblange Unterhosen mit Gummizug)
- Stoffschere
- Stecknadeln
- Stretchnadel
- Nähmaschine
- Schnalle

Bevor du mit dem Nähen beginnst, stell sicher, dass du deine Universalnadel gegen eine Stretchnadel ausgetauscht hast. Diese näht elastischen Stoff etwas sauberer und macht ihn nicht kaputt.

Das Oberteil

Zuerst musst du zwei der Unterhosen im Schritt parallel zum Bund durchschneiden.

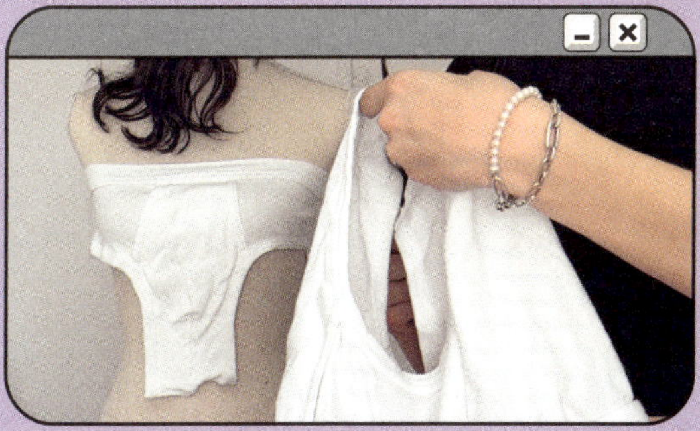

Eine davon drehst du jetzt auf den Kopf und verbindest für die Vorderseite des Bodys die aufgeschnittenen Bereiche mit der zweiten Unterhose.

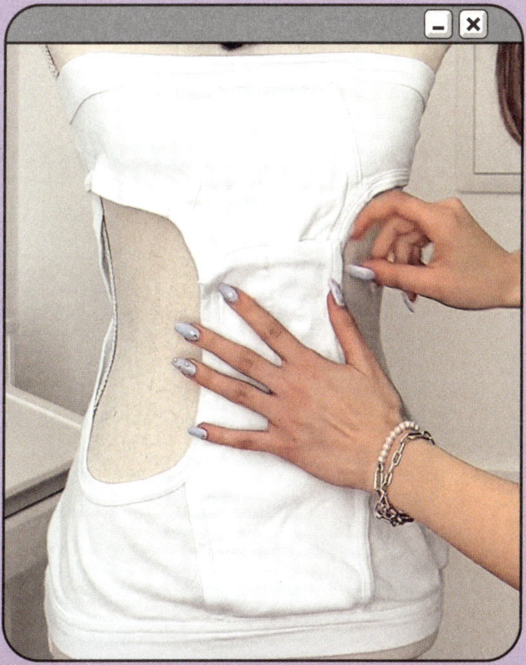

Du steckst sie einfach rechts auf rechts ab und nähst mit einem Geradstich drüber.

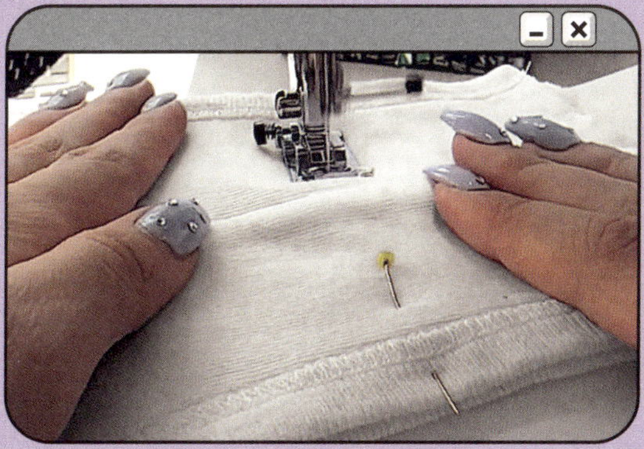

Für die Rückseite des Bodys trennst du von den überstehenden Schritt-Stoffresten die Ränder ab (falls diese bei den Unterhosen vorhanden sind), schneidest den überflüssigen Stoff parallel zum Bund ab und nähst die Ränder wieder an die Kanten.

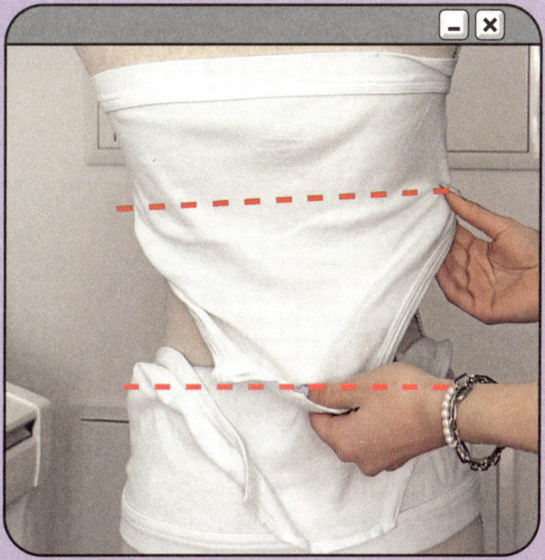

Der Gürtel

Den abgeschnittenen Bund einer weiteren Unterhose kannst du als Gürteldetail wiederverwenden. Dafür schneidest du den Bund einfach in der Mitte auf, fädelst die Schnalle ein und nähst die Enden rechts auf rechts wieder zusammen. Um den Gürtel an dem Body zu befestigen, steckst du ihn auf gewünschter Höhe links und rechts ab und setzt jeweils eine kurze Naht.

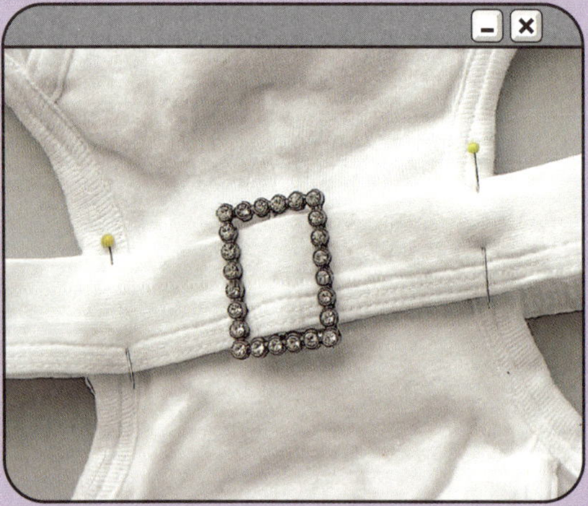

Der Schrittbereich

Jetzt kommt die dritte Hose ins Spiel, die wird nämlich mit dem Bund an die umgedrehte Unterhose genäht. Ich empfehle, vorher von einer der beiden den Bund abzuschneiden, da dies sonst übereinander ziemlich dick werden könnte. Hier kannst du's auch easy links auf rechts annähen, damit alles schön flach bleibt. Da die meisten Unterhosen aus elastischem Baumwoll-Jersey gefertigt sind, welcher zu den gestrickten Stoffen gehört, franst hier auch ohne Versäubern nichts aus. ;)

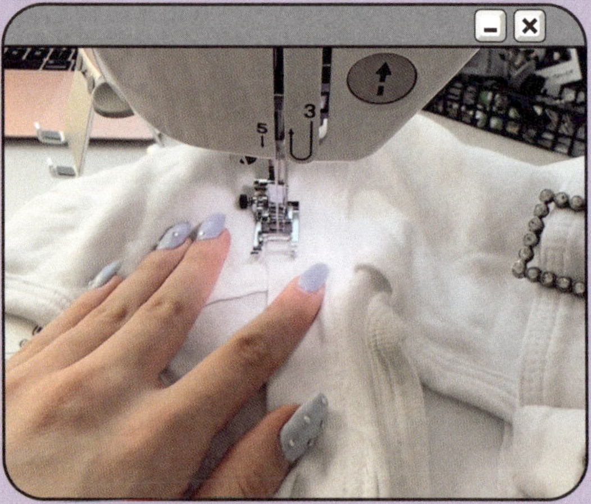

Die Träger

Einfach den Bund einer weiteren Unterhose wieder abschneiden, zweimal gleich lang durchschneiden, und diese Bänder dann an die obere Unterhose im gleichen Abstand links auf rechts annähen.

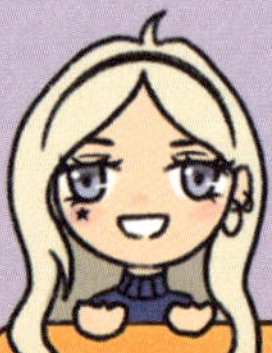

Voilà, dein supernicer, megaunique Body ist fertig! Der kann im Sommerurlaub einfach so geslayt oder bei kühleren Temperaturen mit einer Hose darüber angezogen werden. ;)

Kuh-Wendejacke

Näh-Tutorial für Fortgeschrittene

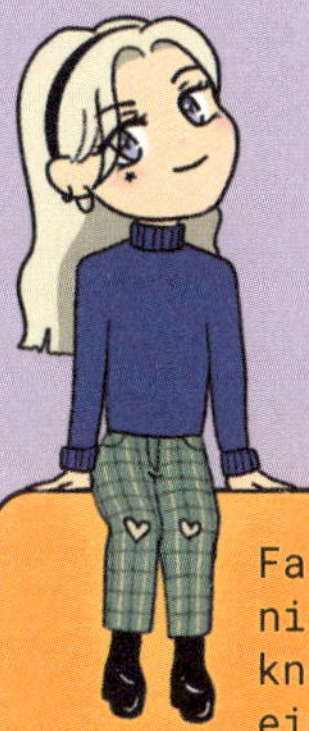

Falls irgendwer den Witz noch nicht gecheckt hat: Ich verknüpfe meinen Namen immer mit einer Kuh aus der Puddingwerbung, haha. Und da das jetzt schon lowkey mein Markenzeichen geworden ist, wollte ich dazu unbedingt ein Design machen. Also, let's make Paulas Kuh-Wendejacke!

Du brauchst:

- Jacke als Vorlage zum Abpausen
- Schnittmusterpapier und Schere
- Kuhmusterstoff (oder ein anderer nicer Stoff nach Wahl)
- einen anderen Kuschelstoff
- Nähmaschine
- teilbarer Reißverschluss
- 2 – 4 cm breites Gummiband
- Stecknadeln

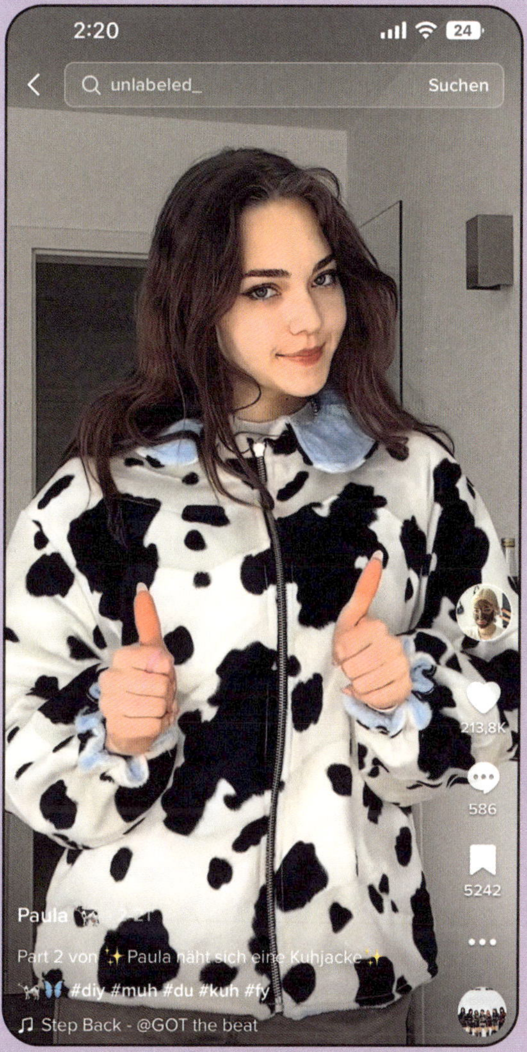

Step 1:

Zuerst brauchst du ein basic Schnittmuster für deine Jacke. Dafür nimmst du eine Jacke aus deinem Kleiderschrank als Vorlage und paust jeweils eine Hälfte der Vorderseite, die komplette Rückseite sowie einen Ärmel auf deinem Schnittmusterpapier ab (eine ausführlichere Beschreibung zum Ärmelschnittmuster findest du auf Seite 108).

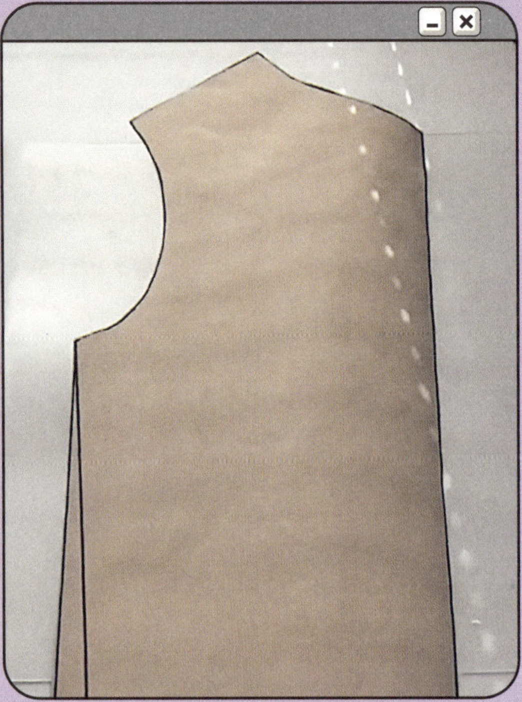

Für das Kragenschnittmuster empfehle ich dir, den Kragen eines Hemdes abzupausen.

Step 2:
Schneide die Schnittteile aus dem Kuh- und dem Kuschelstoff doppellagig aus, außer das Rückenteil. Am Ende hast du von der Vorderseite und dem Ärmel der Jacke jeweils vier Schnittteile.

Jetzt geht's ans Nähen! Für die Kuh-Wendejacke brauchst du zwei Jacken, die du später zu einer zusammennähst. Schritt 3 und 4 musst du also mit dem gemusterten und auch mit dem Kuschelstoff durchführen.

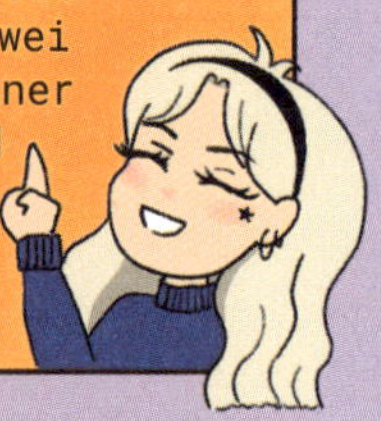

Step 3:
Zuerst nähst du die zwei Vorderteile an den Schultern des Rückteils sowie an den Seiten rechts auf rechts mit einem Geradstich zusammen.

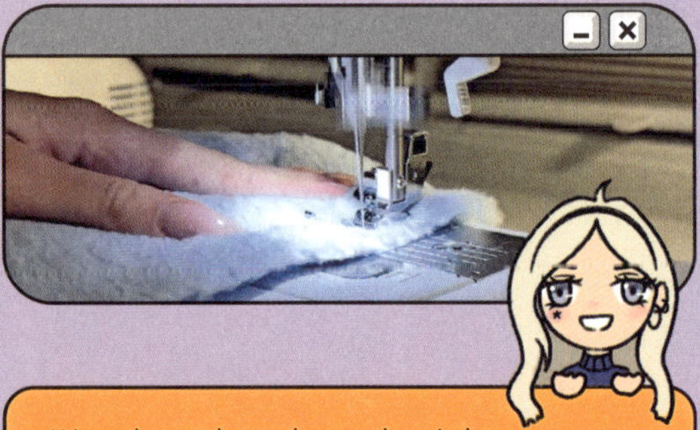

Hier brauchst du auch nichts zu versäubern, weil die unversäuberten Kanten am Ende alle zwischen den zwei Stofflagen verschwinden. ;)

Step 4:
Nun folgen die Ärmel, die sind etwas tricky: Lass deine bisher genähte »Weste« auf links gedreht. Die beiden Ärmelschnittteile nähst du rechts auf rechts gefaltet an der langen Kante zusammen und stülpst sie um. Jetzt kannst du die Ärmel von innen in die Armlöcher der Weste schieben, abstecken und drübernähen.

Step 5:
Den Kragen nähst du ebenfalls rechts auf rechts an den Ausschnitt der Jacke an.

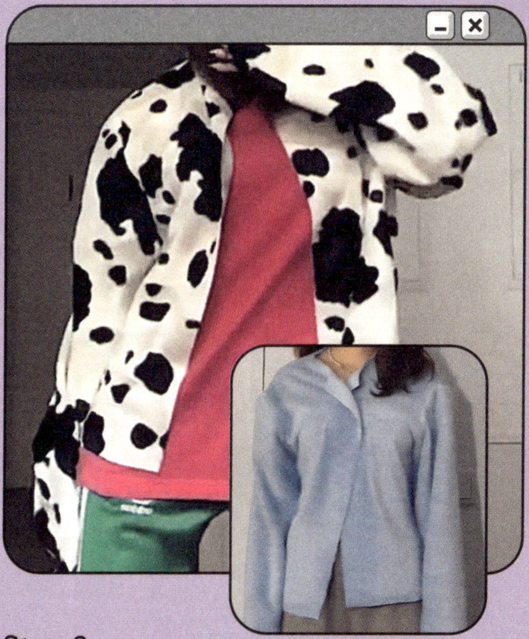

Step 6:
Wenn du mit beiden Stoffen fertig bist, kannst du die Jacken auf links drehen und entlang des äußeren Kragenrandes rechts auf rechts zusammennähen.

Step 7:
Optional kannst du noch einen Reißverschluss an die Jackenöffnung nähen. Dafür teilst du den Reißverschluss und sandwichst ihn so zwischen die zwei Stofflagen, dass die kleinen Zähnchen nach außen zeigen. Dann nähst du mit der Nähmaschine einmal geradlinig drüber – natürlich ohne in die Metallzähne zu nähen (!). Stülpe die Jacke jetzt auf die richtige Seite um und stopf die Ärmel ineinander.

Step 8:
Für den besseren Fit fehlt noch der Gummizug in den Ärmelenden. Miss dir ausreichend Gummi ab, indem du ihn um dein Handgelenk legst. Achte darauf, dass noch genug Luft bleibt. Anschließend nähst du die Gummienden zu einem Ring zusammen. Um das Ganze in die Stofflagen einzunähen, musst du von unten in die noch unversäuberten Saumkanten greifen und den Ärmel wieder nach innen umstülpen, so dass er rechts auf rechts vor dir liegt. So kannst du den Gummi am Ende anpinnen, auf Zug am oberen und unteren Rand annähen und den Ärmel wieder nach innen umstülpen.

Step 9:
Jetzt musst du nur noch das untere Ende der Jacke versäubern, indem du die rohen Kanten nach innen umschlägst und drübernähst.

Und tadaaa: Deine sweete, kuschelige Kuh-Wendejacke ist fertig!

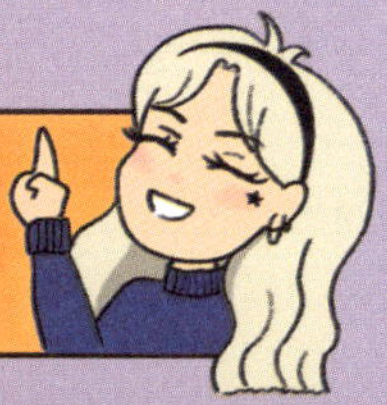

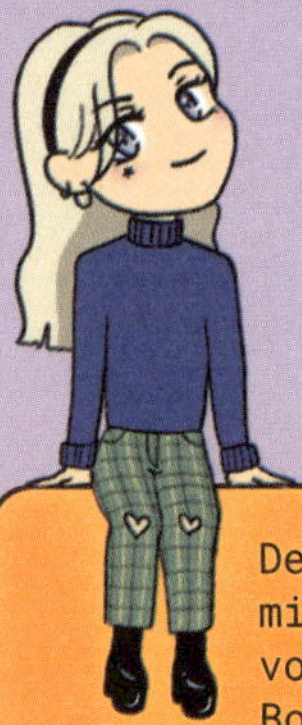

Herr-Anwalt-Zweiteiler

Näh-Tutorial für Fortgeschrittene

Der liebe Herr Anwalt hat mir einen aussortierten Anzug von sich zugeschickt mit der Botschaft, ich könne damit machen, was ich will. So here we are! Lass uns zusammen einen einzigartigen Anzug-Zweiteiler kreieren: Klau dir dafür einen alten Anzug aus dem Kleiderschrank deines Vaters oder besorg dir einen secondhand.

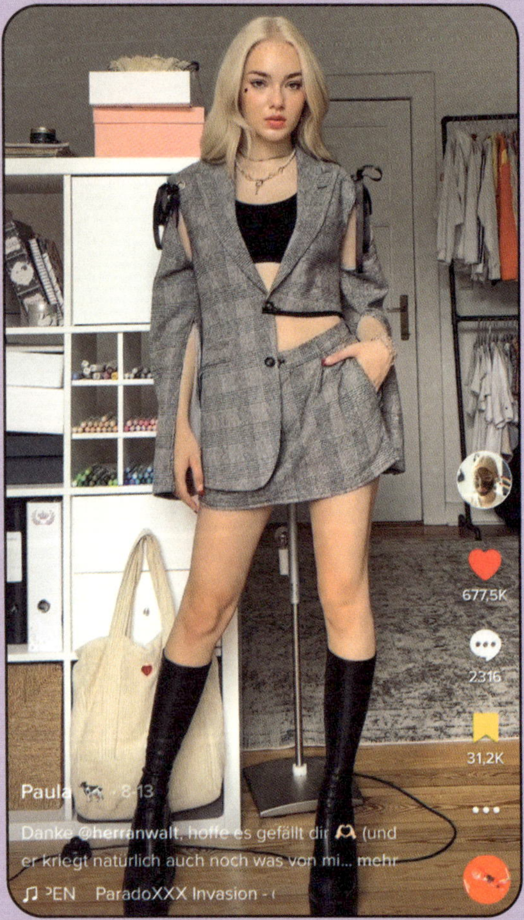

Du brauchst:

- alter Anzug (Sakko und Hose)
- Nahtauftrenner
- Stecknadeln
- Ösen und Ösenzange oder Hammer
- Satinband
- Stoffschere
- Schrägband
- Stoffkleber
- Nähmaschine

Das Oberteil

Nimm dir deinen Nahtauftrenner zur Hand und trenn die Schulternaht auf beiden Seiten zu ca. ¾ auf. Die offenen Nähte musst du jetzt wieder versäubern. Dafür schlägst du die rohen Kanten des Ober- sowie des Innenstoffes nach innen um und steckst das Ganze fest. Jetzt bretterst du einfach mit deiner Nähmaschine drüber, and we have clean edges again!

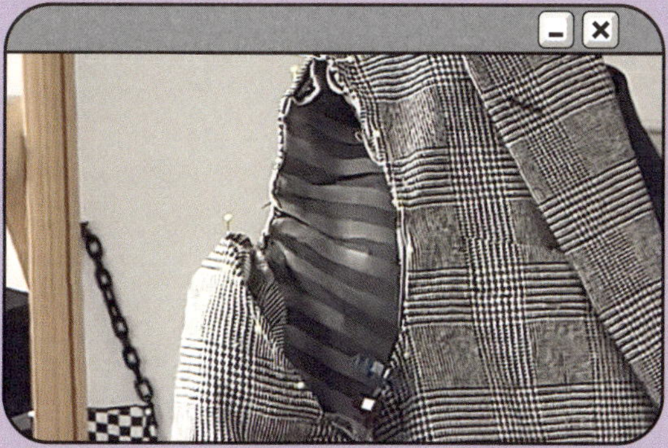

Nun kommen die Ösen ins Spiel, du benötigst zwei pro Schulter. Eine wird über und die andere unterhalb des Cutouts platziert, möglichst senkrecht untereinander. Abschließend fädelst du ein Satinband durch beide Ösen und bindest daraus eine sweete Schleife für die Details.

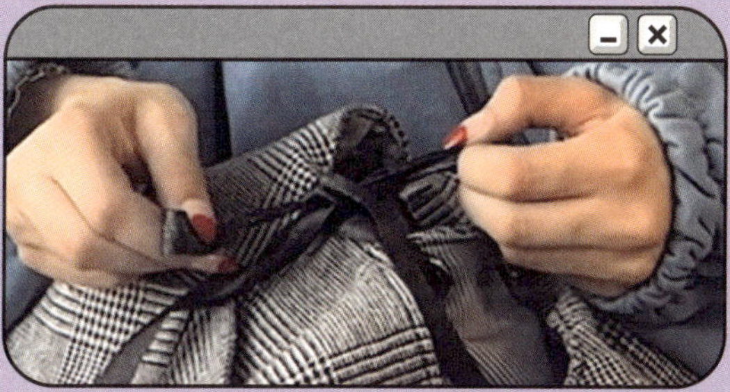

Für ein bisschen Spice am Bund des Oberteils croppen wir das Ganze – aber nur eine Hälfte des Sakkos. ;) Dafür schneidest du die Anzugjacke beginnend unterhalb des oberen Knopfes waagerecht bis hin zur Mitte des Rückenteils ab. Der Schnitt sollte so gerade mit deiner Taille abschließen.

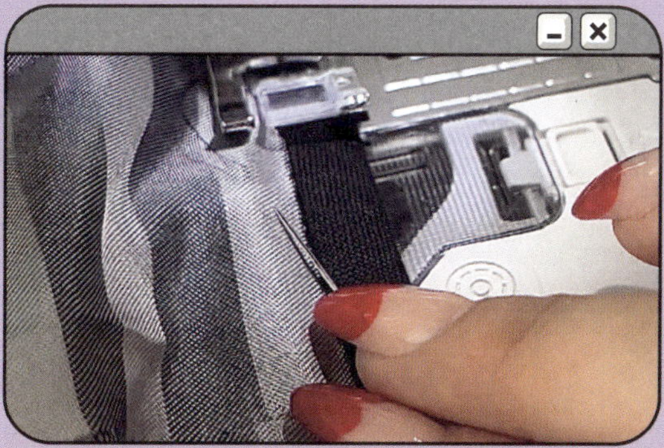

Ich bin wirklich ein Sucker für Asymmetrie und liebe es, diese in meine Designs einfließen zu lassen.

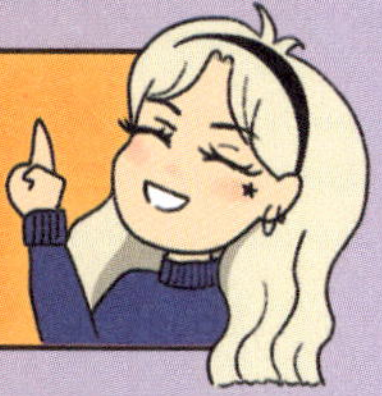

Zum Versäubern der rohen Kante kommt das Schrägband zum Einsatz. Um dieses anzunähen (professionell, versteht sich), muss es erst mal aufgefaltet werden. Das Schrägband ist ein länglicher Streifen mit drei parallelen Falten. Diesen nähst du jetzt erst mal rechts auf rechts mit der Kante an die rohe Stoffkante. Nun schlägst du den Streifen auf die andere Seite der zu versäubernden Stoffkante, faltest sie nach den vorgegebenen Faltungen und nähst noch mal drüber. Beim Rücken kannst du an die Stelle, wo der gecroppte Teil endet, mit Stoffkleber eine Schleife platzieren. Das matcht mit den Schleifen an den Schultern. ;)

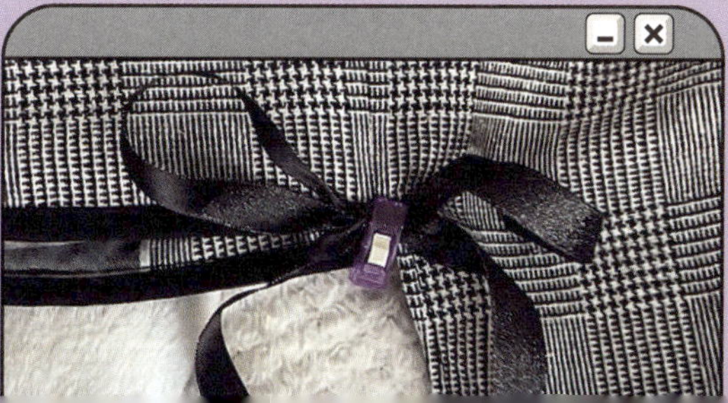

Der Rock

Die Hosenbeine kürzt du so, dass sie etwas länger als die gewünschten Maße des Rockes sind.

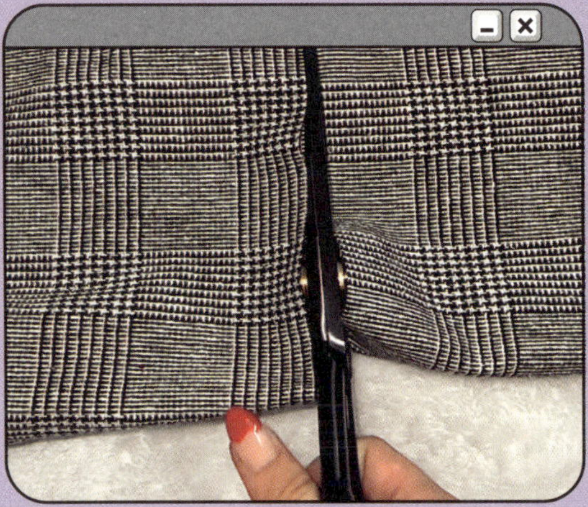

Nun muss die komplette Innenbeinnaht aufgetrennt werden. Die abstehenden Stoffteile auf der Vorderseite legst du flach übereinander, steckst sie ab und vernähst sie mit einem Geradstich. Für den abstehenden Stoff der Ponaht drehst du den Rock auf links und setzt eine senkrechte, leicht abgerundete Naht, die in der ursprünglichen Ponaht anfängt.

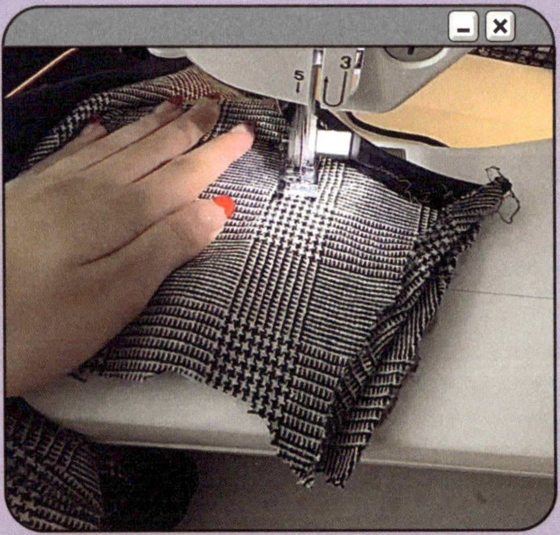

Den überstehenden Teil schneidest du ab und versäuberst die Kante mit einem Zickzackstich. Jetzt musst du kontrollieren, ob dir der Rock an der Taille bzw. Hüfte passt. Wenn dies nicht der Fall sein sollte, haust du an die Seitennähte jeweils einen Abnäher rein (eine genaue Beschreibung dazu findest du ab Seite 134).

Nun versäuberst du nur noch die untere Kante des Rockes: Dafür die rohen Kanten mit einem Zickzackstich übernähen, die Kante einmal nach innen umschlagen und mit einem Geradstich fixieren.

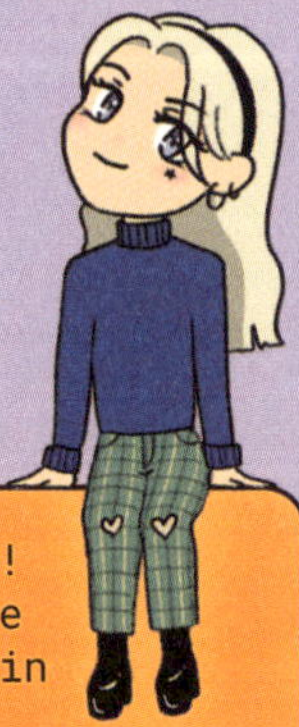

Fertig ist dein Masterpiece! Damit bist du ready für jede Fashion-Show oder einfach ein fancy Maincharacter. ;)

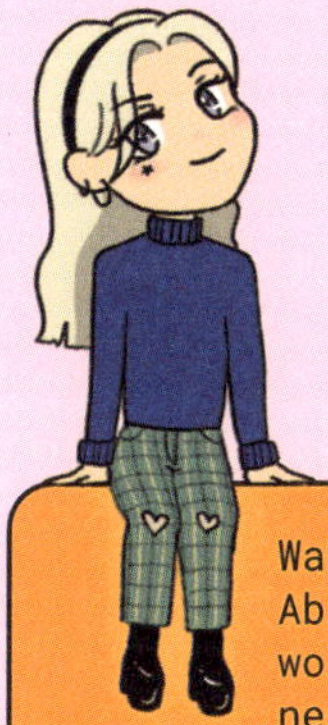

Abiballkleid

Näh-Tutorial für Fortgeschrittene

Wahrscheinlich habe ich mein Abitur zu 99,9 % nur bestehen wollen, damit ich mein eigenes Abiballkleid nähen konnte. And I did that! Also, falls du auch kurz vor deinem Abschluss stehst, Bock hast, dir dein eigenes Kleid dafür zu nähen, und gleichzeitig keine Scheu vor einem aufwendigen Nähprojekt hast, here we go. :)

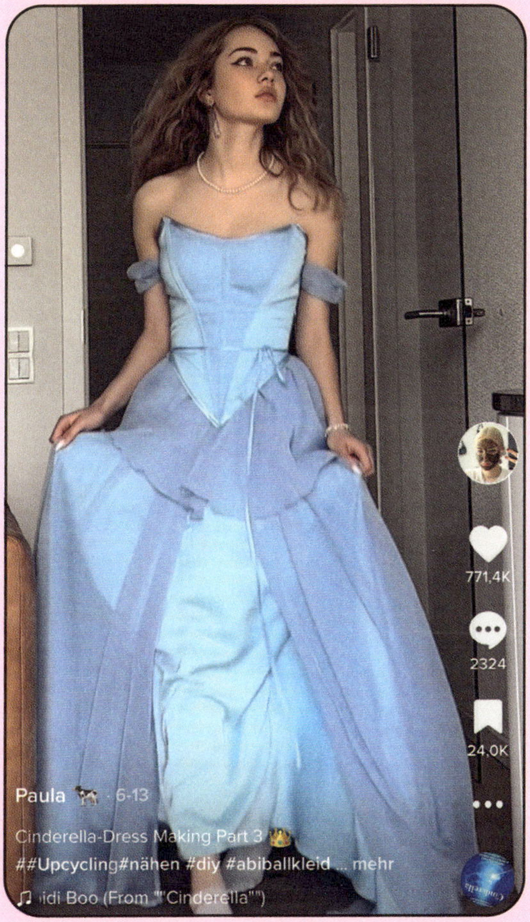

Du brauchst:

- alter Stoff, Stoffschere, Stecknadeln, Schneiderkreide und Schnittmusterpapier
- 5 m Satinstoff in der Farbe deiner Wahl (mind. 1,2 m breit)
- 7 m durchsichtiger Chiffon in passender Farbe (mind. 1,2 m breit)
- Nähmaschine
- Bügeleisen
- Stoffklammern
- 3–4 m Korsettband
- Korsettstäbe und Feile
- 2 x Satin-Schrägband in passender Farbe
- nahtverdeckter Reißverschluss (40 cm lang)
- 2 cm breiter Gummizug
- 30–40 Ösen (Durchmesser 0,5 cm)
- 2 m Satinband in passender Farbe
- Gummizug und 2 Sicherheitsnadeln

Eine Skizze habe ich bei den anderen Tutorials nicht zwingend vorausgesetzt, bei einem solchen Cinderella-Dress ist sie aber sehr hilfreich. So kannst du dir etwa vorstellen, wie die Schnittmuster später aussehen müssen.

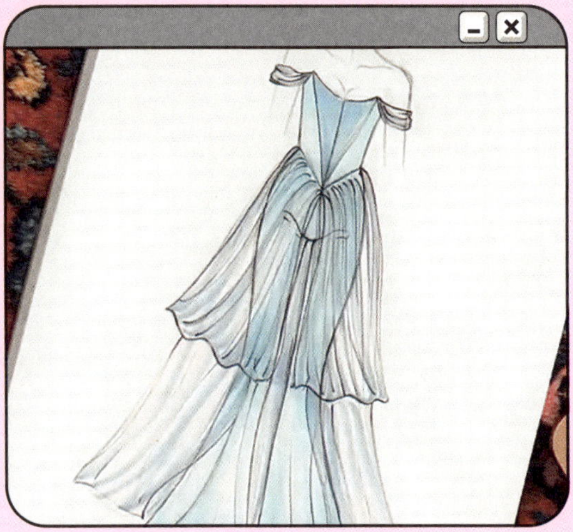

Teil 1: Korsett

Du beginnst mit dem Schnittmuster für das Korsett. Ab Seite 110 findest du eine Anleitung zum Anfertigen von Schnittmustern für Oberteile. Für das Korsett benötigst du 3 Schnittteile.

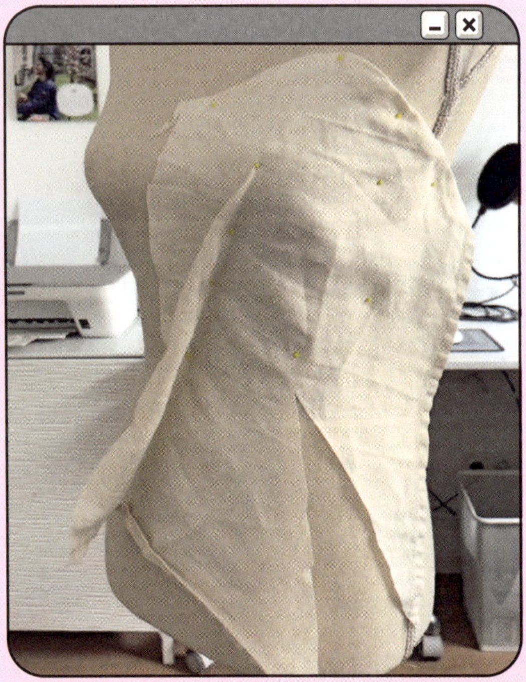

Jetzt geht's an das Ausschneiden der Schnittteile. Damit das Korsett doppellagig gefertigt werden kann, benötigst du die Schnittteile jeweils viermal aus Satinstoff. Für einen farblichen Kontrast schneidest du aus dem Chiffon den vorderen V-förmigen Teil des Korsetts zweimal aus.

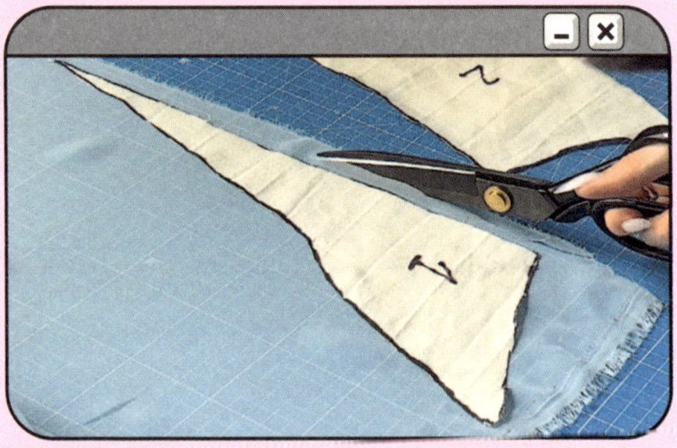

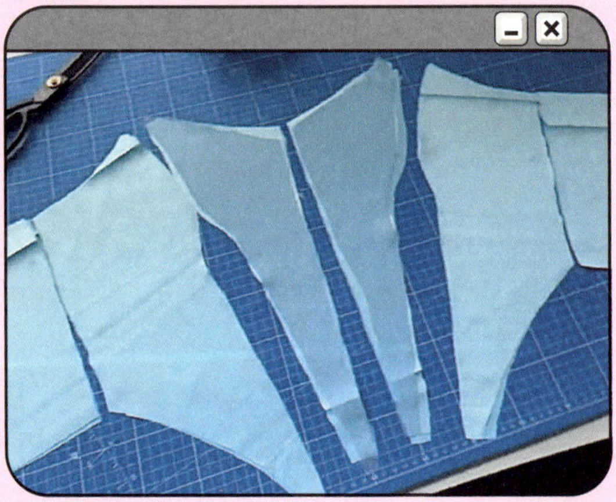

Lege die Chiffon-Schnittteile auf zwei der dazugehörigen Satin-Schnittteile und nähe sie knappkantig mit einem Geradstich aneinander. Diese werden dann auf der Außenseite des Korsetts zu sehen sein. Anschließend nähst du die vielen Teile rechts auf rechts an den Seiten zusammen, so wie es deine Skizze zeigt. Du solltest jetzt zwei korsettartige Teile vor dir liegen haben. Bevor weitergenäht werden kann, musst du jetzt bei beiden alle Nahtzugaben flach bügeln, wir sind schließlich professionell. ;)

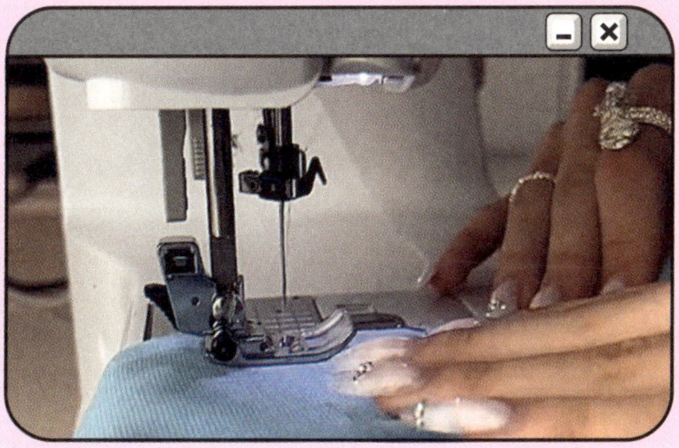

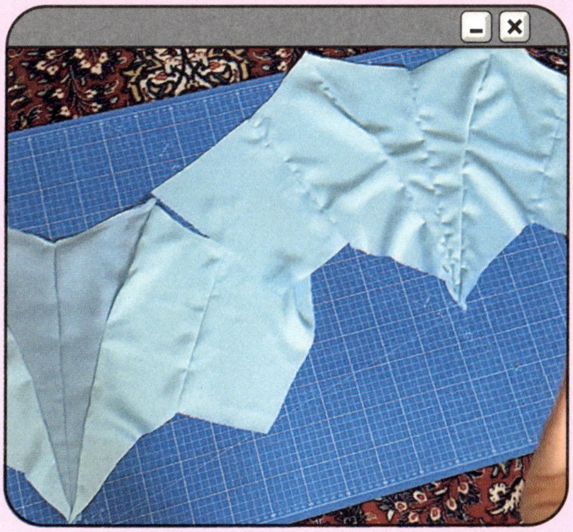

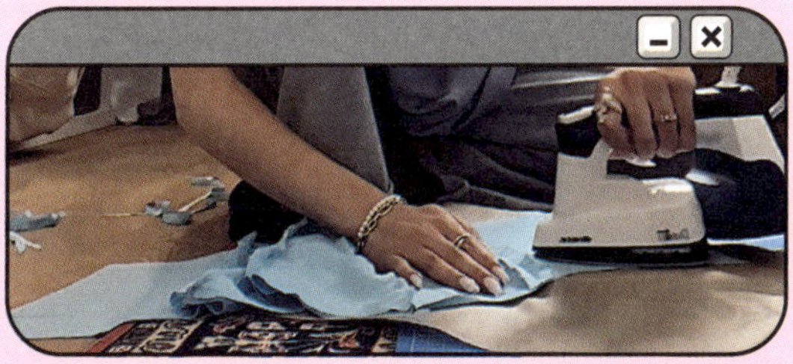

Die beiden halbfertigen Korsetts legst du jetzt links auf links (!) aufeinander, steckst sie am oberen wie unteren Bund ab und nähst sie mit einem Geradstich zusammen. Danach kannst du die Nahtzugaben etwas trimmen.

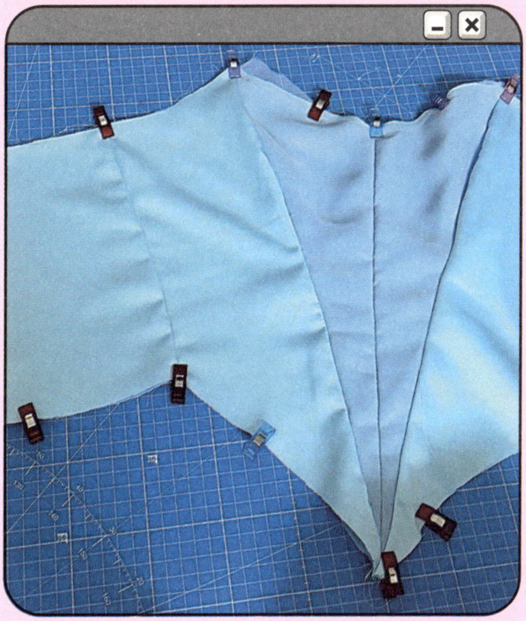

Unverzichtbar für das Korsett sind die Korsettstäbe, die das Ganze stabiler machen. Als Nächstes musst du deshalb die Tunnel nähen, durch welche die Stäbe später durchgeschoben werden. Orientiere dich dabei immer an den Nähten, die die Schnittteile zusammenhalten: Eine Naht wird links und die andere rechts von der Linie im gleichen Abstand gesetzt. Achte darauf, dass die Tunnel etwas breiter als das Korsettband sind.

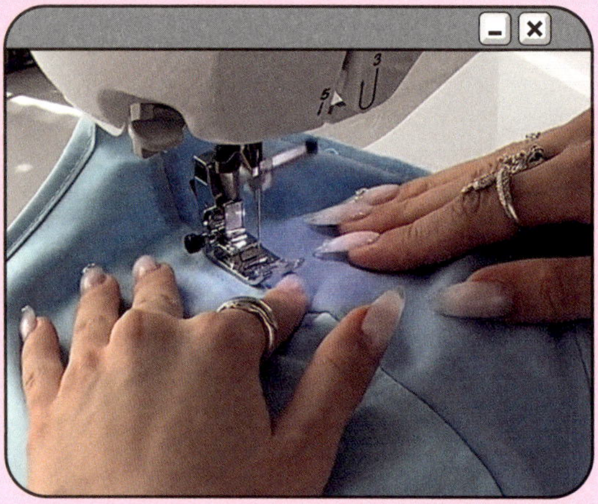

Tipp: Pinne die Stofflagen entlang der Nahtlinien aneinander, so dass du sichergehen kannst, dass alle Nähte der beiden Lagen übereinanderliegen. So vermeidest du unschöne Falten und Unebenheiten im Korsett.

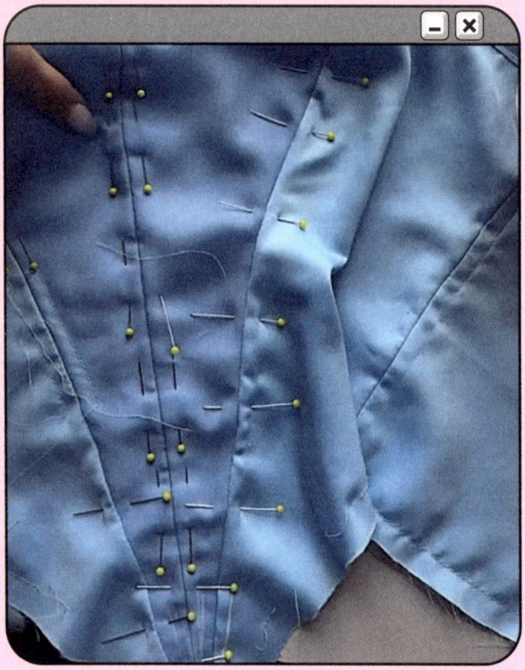

Jetzt geht's an die Vorbereitung für die Korsettstäbe. Miss dafür die Länge der Tunnelnähte ab und schneide das Korsettband entsprechend zu.
Benutze eine Feile, um die Enden der Korsettstäbe abzustumpfen, damit sie den Stoff nicht kaputt machen. Da das Korsett nach unten hin spitz zuläuft, musst du die Stäbe für diesen Bereich an einem Ende spitz zufeilen bzw. schneiden. Trenne die Naht an der oberen Kante des Korsetts bzw. an den Tunnelöffnungen etwas auf und schiebe die Stäbe von oben in die Tunnel.

Nachdem du alle Stäbe eingefädelt hast, nimmst du dir ein Schrägband zur Hand und versäuberst die obere sowie untere Korsettkante damit. Vergiss auch die unversäuberten Kanten an der Rückseite des Korsetts nicht. :)

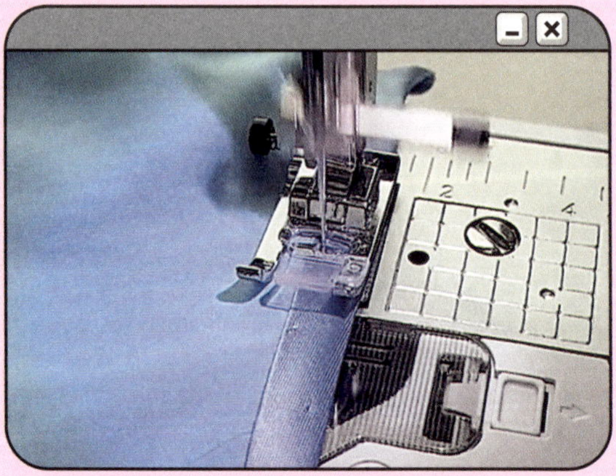

Das Korsett ist fast fertig! Um das Oberteil verschließen zu können, fehlen nur noch die Ösen. Zeichne dir dafür ein paar kleine Punkte im gleichen Abstand und parallel zueinander entlang der Rückseiten an. Jetzt kannst du die Ösen an diesen Stellen reinballern und musst nur noch das Satinband durchfädeln!

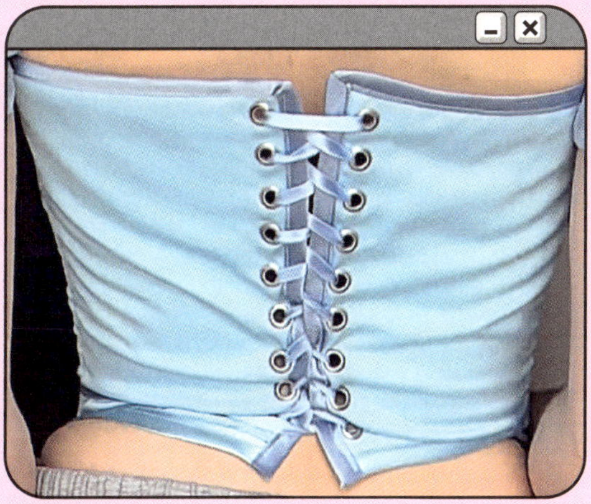

Teil 1 ist somit geschafft!

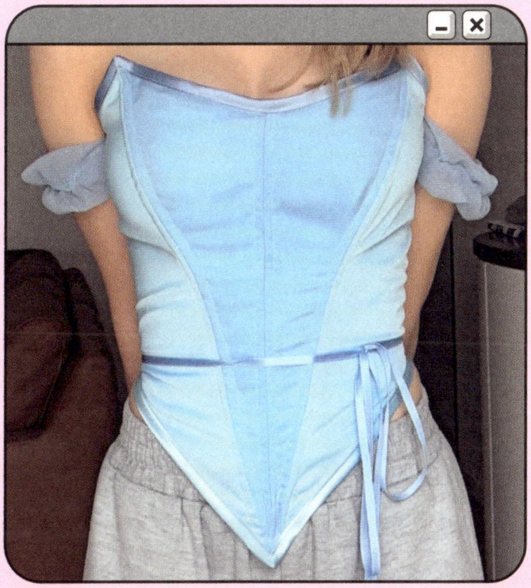

Teil 2: Unterrock aus Satin

Der Unterrock ist basically ein Halbkreis-Tellerrock. Ein ausführliches Tutorial dazu findest du auf Seite 110 (Rock mit wenig Falten).
Die einzige Besonderheit: Der äußere auszuschneidende Viertelkreis aus dem gefalteten Stoffhalbkreis wird zur offenen Seite ein wenig in die Länge gezogen. Dadurch wird der Rock hinten etwas länger als vorne, und du erzielst einen schönen Schleppeneffekt.

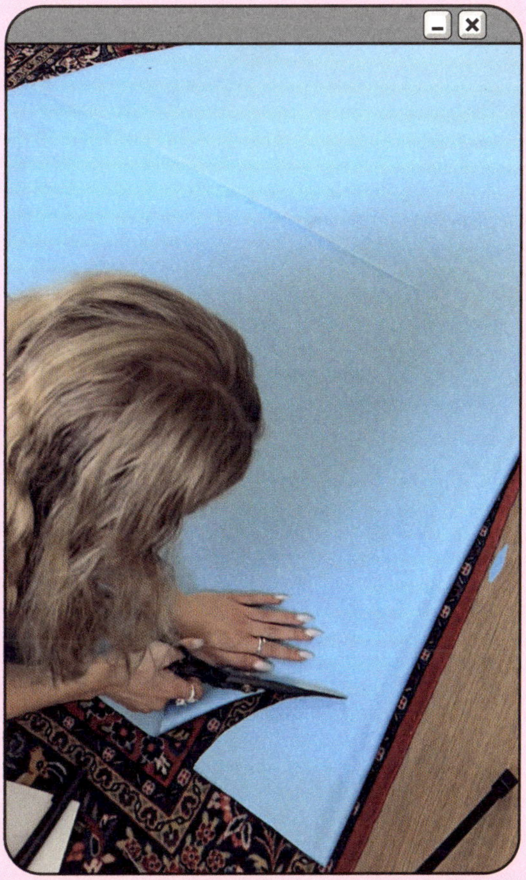

Nach dem Ausschneiden des Stoffs nähst du zuerst den nahtverdeckten Reißverschluss ein. Im Anschluss versäuberst du den Rockbund mit dem Schrägband. Am Rocksaum schlägst du die Kante zweimal nach innen um und nähst mit einem Geradstich drüber.

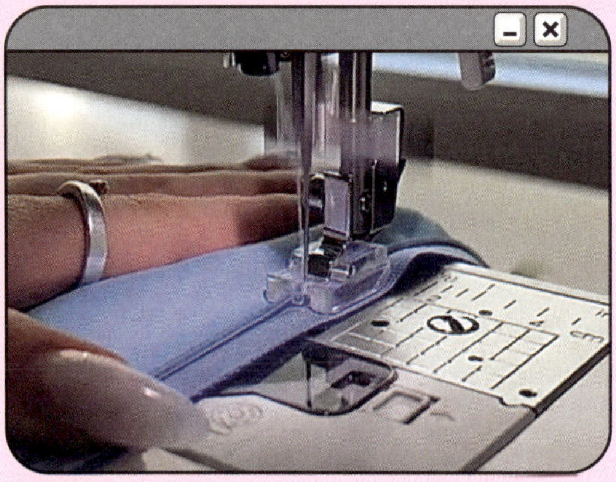

Tipp: Beim Versäubern des Saums empfehle ich dir, alles vorher abzustecken. Ich habe beim ersten Mal superkrass gestruggelt, weil ich gefühlt hundert Falten eingenäht habe. Der Stoff legt sich viel besser, wenn man den umgeschlagenen Stoff alle 20 cm mit einer Nadel fixiert. Thank me later!

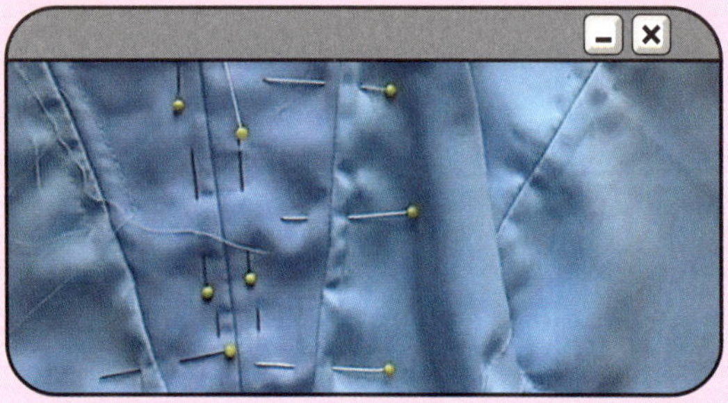

Teil 3: Überrock aus Chiffon

Der Überrock ist der gleiche Tellerrock wie der Unterrock, nur mit doppelt so großem Taillenumfang und ca. 10 cm mehr Länge. Die zweite Lage bildet nochmals ein Tellerrock, jedoch nur mit halber Länge (Rechnung: gewünschte Rocklänge/2).

Nach dem Ausschneiden der beiden Überröcke müssen die rohen Kanten erst mal versäubert werden: anders als beim Unterrock nicht nur der Saum, sondern auch die offenen Seiten des Halbkreises.

Tipp: Versäubere die rohen Kanten des Chiffons erst mal mit einem Zickzackstich, schlag den Saum dann 2 mm nach innen um und nähe mit einem Geradstich – so knapp es geht – an der Kante entlang. So wird der Stoff wunderschön fallen. ;)

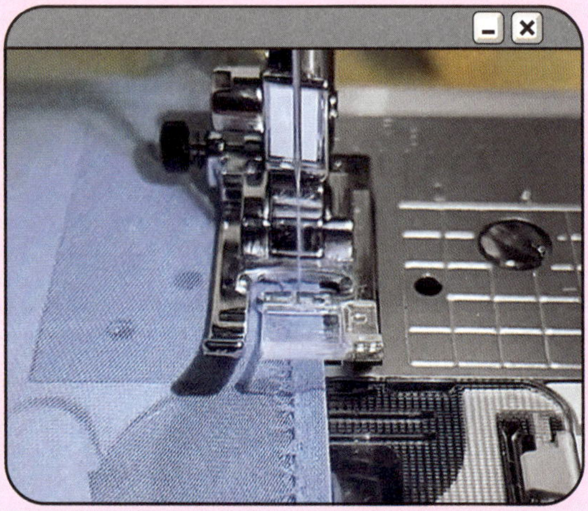

Jetzt geht's an den Bund. Pinne die beiden Rocklagen an der Taille aneinander und nähe und versäubere diese Kante in einem Schritt mit einem Zickzackstich oder einer Overlocknaht.
Schlage den Bund daraufhin 4 cm nach innen um und nähe im Abstand von 3 cm zum Rand eine Geradstichnaht.

Finally kommt der Gummizug ins Spiel! Schneid dir von diesem ein Stück ab: Es sollte eng, aber noch angenehm um deine Taille passen.
Befestige eine Sicherheitsnadel an einem Ende des Gummibandes und das andere Ende an einer Tunnelöffnung am Bund mit einer zweiten Sicherheitsnadel. Jetzt fädelst du das freie Ende des Gummibandes durch den Tunnel hindurch zur anderen Öffnung und bringst es dort mit der Sicherheitsnadel an. Beide Seiten vernähst du jetzt mit einem Geradstich.

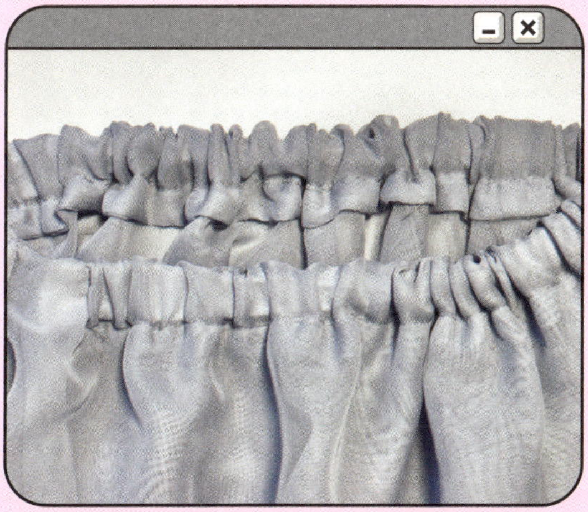

Damit daraus jetzt ein tragbarer Überrock wird, musst du das Ganze am Bund auf links in der Mitte falten und nur die Stellen, an denen sich die Gummienden treffen, mit einem Geradstich zusammennähen. Drehe den Rock wieder auf rechts.

Dein Abiballkleid ist fertig! <3

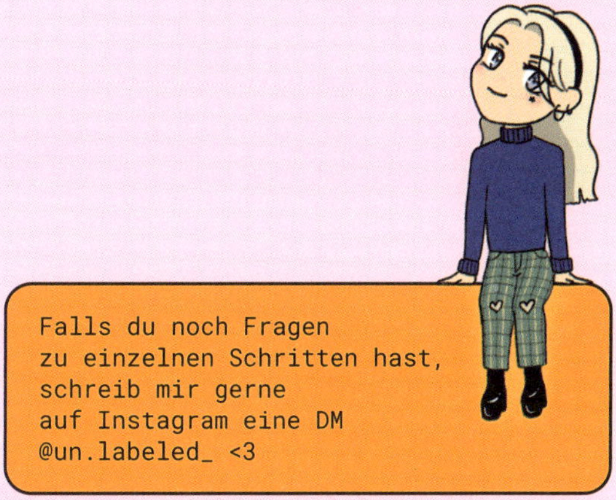

Paulas Nählexikon

A

Abnäher: Nur mit Hilfe von Abnähern erreichst du die optimale Passform eines Kleidungsstücks. Sie werden eingesetzt, um den Stoff zum Beispiel an Schulter, Brust oder Taille an die Körperform anzupassen. Im Schnittmuster sind sie meist als längliche v-förmige Aussparungen zu erkennen.

Abstecken: Mit Stecknadeln kannst du Stoff fixieren, damit er danach passend genäht werden kann. Diesen Prozess nennt man »abstecken«.

Absteppen: Beim Absteppen werden zwei oder mehrere aufeinanderliegende Stofflagen an einer schon vorhandenen Naht auf der Stoffaußenseite sichtbar flach genäht. Durch das Absteppen kannst du Nähte stabilisieren, Ziernähte setzen oder Wendeöffnungen schließen. Knappkantig absteppen bedeutet, dass die Naht besonders knapp an der Kante (max. 5 mm) entlangläuft.

B

Bruch(kante): Ein Bruch beschreibt die Falte, die beim Doppeltlegen, also Falten eines Stoffes entsteht.

C

Collage: Eine Collage ist ein Kunstwerk, das aus verschiedenen Materialien und Bildausschnitten erstellt wird. Es hilft dabei, ein Thema besser visualisieren zu können und eröffnet die Möglichkeit, bestimmte Gefühle bzw. den »Vibe« einzufangen.

D

DIY: Englische Abkürzung für »Do it yourself«.

F

Französische Naht: Wird auch Doppelnaht genannt. Dafür nähst du zwei unversäuberte Stoffkanten links auf links 1 cm von der Kante entfernt mit einem Geradstich zusammen. Den Überstand schneidest du nochmal knappkantig ab, klappst die Stofflagen an der Naht um und steppst wieder 1 cm an der Naht ab (Stoff liegt jetzt rechts auf rechts). Die französische Naht eignet sich super, wenn man keine Overlock besitzt und sich trotzdem ein professionell versäubertes Innenleben des Kleidungsstücks wünscht.

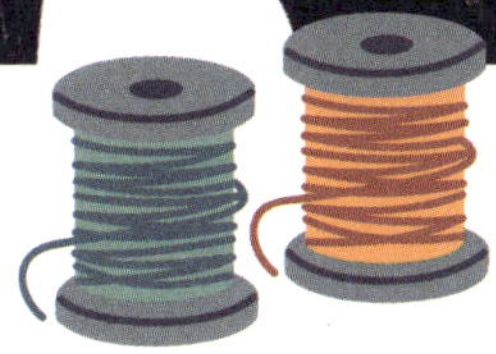

G

Geradstich: Der Geradstich ist ein einfacher, gerade verlaufender Steppstich. Er ist vielseitig einsetzbar: Mit dem Geradstich kannst du Stofflagen zusammennähen, Stoffe aufeinandernähen, absteppen oder Säume nähen.

L

Links auf Links: Zwei Stoffe liegen mit ihren Innenseiten aufeinander, die »schönen« Seiten sind außen.

N

Nahtzugabe: Um Schnittteile passgenau aneinander zu nähen, brauchst du immer 1 bis 2 cm Nahtzugabe. Die Nahtzugabe ist der Abstand von der Naht zur Stoffkante. So kannst du sicher gehen, dass das zusammengenähte Teil genau so groß wie das eigentliche Schnittmuster ist.

O

Ösen: Ösen helfen dabei, Löcher in Stoffen zu verstärken.

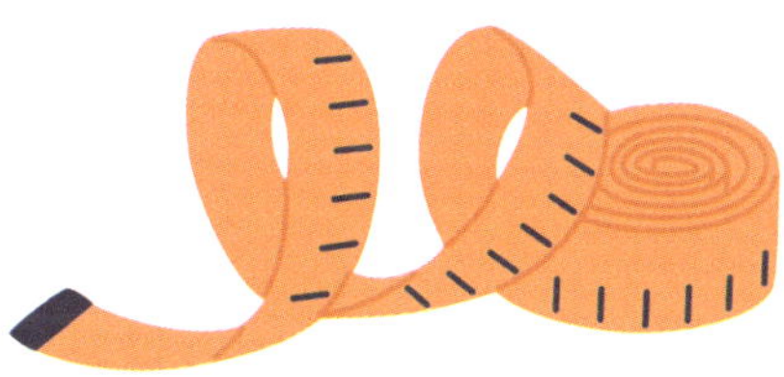

Overlock: Im Vergleich zur »normalen Haushaltsnähmaschine« ist die Overlock eine Maschine, die gleichzeitig Kanten schneidet, versäubert und zusätzlich Stoffschichten zusammennäht.

Overlocknaht: Das Messer der Overlock schneidet den Stoff vor dem Nähen gerade ab. Entscheidest du dich für die Option mit vier Fäden und zwei Nadeln, kannst du zwei Schnittteile zusammennähen und gemeinsam versäubern. Alternativ kann der Stoff mit drei Fäden und nur einer Nadel ausschließlich versäubert werden.

R

Rechts auf rechts: Zwei Stoffe liegen mit ihren Außenseiten aufeinander, die »schönen« Seiten sind innen. Wenn du die Schnittteile rechts auf rechts zusammennähst, ist die Naht außen später nicht zu sehen.

S

Saum: Der Saum bezeichnet die untere Kante bei Kleidungsstücken.

Schneiderkreide: Schneiderkreide wird verwendet, um Formen und Schnittmuster auf Stoffe zu zeichnen. Alternativ funktioniert auch ein festes Seifenstück.

Schnittmuster: Als Schnittmuster bezeichnet man die (Papier)Vorlagen, nach denen der Stoff zugeschnitten wird. Sie sind wie eine Schablone für die einzelnen Schnittteile.

Schnittteile: Einzelne zugeschnittene Stoffteile, die zusammengenäht ein Kleidungsstück ergeben.

Shaping: Nähst du ein Kleidungsstück mit vorgefertigtem Schnittmuster oder bist gerade dabei, selbst eines zu erstellen, ist das »Shaping« für eine perfekte Passform unersetzlich. »Shaping« bedeutet, dass du die Kleidung noch vor dem Versäubern mit der linken Seite nach außen anziehst und jedes ungewollt abstehende Stoffstück noch mal absteckst und abnähst.

Skizze: Eine Skizze ist eine zweidimensionale Visualisierung deines Entwurfs. Sie kann viele kleine, weniger detaillierte Zeichnungen deines Nähprozesses beinhalten. Eine Skizze hilft dabei, den Produktionsprozess erheblich zu beschleunigen und weniger Fehler zu machen.

Stoffschere: Die Stoffschere hat eine abgeschrägte Form. Die sorgt dafür, dass der Stoff beim Schneiden nicht angehoben wird und sich verschiebt.

Stoffklammern: Stoffklammern erleichtern das Zusammenheften von sehr dicken und voluminösen Stoffen.

T

Teilbarer Reißverschluss: Der aushakbare Reißverschluss wird häufig für Jacken und Mäntel verwendet.

Tunnelzug: Ein Tunnelzug zieht locker geschnittene Klamotten an der jeweiligen Stelle zusammen, so dass sie in Falten fällt und enger gezogen wird. Der Tunnelzug ist ebenso ein süßes Detail und wird häufig am Bund von Ärmeln oder Hosen eingesetzt. Dafür schlägst du den versäuberten Bund einmal ca.

5 cm nach innen um (je nachdem, wie breit das Gummiband ist) und befestigst ihn mit einem Geradstich. Kurz vor dem Ende lässt du eine kleine Öffnung und fädelst ein Gummiband mit Hilfe von zwei Sicherheitsnadeln durch den Tunnel. Die Gummienden aneinandernähen und das Loch verschließen. Ein Tunnelzug wird oft am Bund von Ärmeln oder Hosen eingesetzt.

V

Versäubern: Damit die Stoffränder ordentlich aussehen und nicht ausfransen, müssen sie versäubert, also mit Stichen eingefasst werden. Schlägt man dabei den Stoff um, bildet man einen Saum. Die Rede ist dann häufig von »Versäumen«. Dafür gibt es mehrere Möglichkeiten, beispielsweise die Overlocknaht, den Zickzackstich oder die französische Naht.

Z

Zickzackstich: Der Zickzackstich ist vor allem für Einsteiger*innen geeignet und eine ideale Methode zum Versäubern von Stoffen. Das gelingt, indem du dich beim Nähen ganz knapp an der Kante bewegst und mit der Nadel immer einmal in den Stoff und einmal neben den Stoff triffst.

Für eine perfekt versäuberte Kante schlägst du den Stoff nach diesem sogenannten »Verketteln« ca. einen Zentimeter nach innen um und nähst diesen mit einem Geradstich parallel zur Kante fest.

Zuschneiden: Bevor die Schnittteile zusammengenäht werden können, müssen sie aus dem Stoff zugeschnitten werden. Dafür legst du die Schnittmusterteile möglichst platzsparend auf den Stoff und vermeidest ein Verrutschen mit Stoffbeschwerern. Mit einer Stoffschere können die Teile dann aus- bzw. zugeschnitten werden.

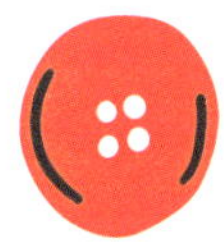

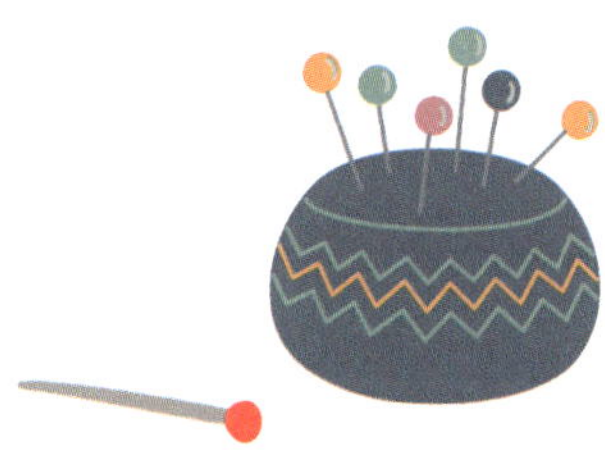

Bildnachweis:

Autorenstickerfoto: © Simon Hinger @simonhinger
Outfitfotos: S. 10, 29, 41, 53, 65, 77, 89, 101, 117
© Judith Maren Biedermann @judithmarenphotography
Skizzenbuch- und Tutorialfotos: S. 21, 138-155 © Unlabeled

Quellen Style-Check-Texte:

Biedermeier Mode und Stoffe. Veröffentlicht am 15.07.2021. https://www.sartor-stoffe.de/beitrag/85/biedermeier-mode-und-stil/ (zuletzt abgerufen am 23.01.2023).
Infos zur mittelalterlichen Mode - Mode im Mittelalter. https://mode-im-mittelalter.de/ (zuletzt abgerufen am 23.01.2023).
Ingrid Loschek: *Reclams Mode- und Kostümlexikon.* 6., erweiterte und aktualisierte Auflage bearbeitet von Gundula Wolter. Stuttgart: Philipp Reclam 2011.
Mode des 20. Jahrhunderts: Vom Fransenkleid bis zur Röhrenjeans. https://www.wenz.de/mode-des-20-jahrhunderts/ (zuletzt abgerufen am 23.01.2023).